Verliebt in Südtirol

Kurze Wege, stille Ziele, Liebesnester

Es erblüht immer etwas Neues in der Gärtnerei Schullian: Palmen, Kakteen und mediterrane Zitruspflanzen, duftende Rosen, Gewürzkräuter-Raritäten, Bambus und Balkonpflanzen! Schullian ist eine kreative Insel für originelle Ideen und aktuelle Informationen. Die Themenausstellungen sind ein Treffpunkt für Experten und Menschen mit grünem Daumen.

Verliebt in Südtirol

Kurze Wege, stille Ziele, Liebesnester

Oswald Stimpfl · Folio Verlag Wien/Bozen

HINWEIS

Alle Angaben erfolgen nach bestem Wissen und Gewissen. Die beschriebenen Ausflüge werden auf eigenes Risiko unternommen; Autor und Verlag übernehmen keinerlei Haftung. Für die Wanderungen wird die Mitnahme von geeignetem Kartenmaterial empfohlen.

DANK

Einen aufrichtigen Dank meinen Kindern Gisela, Lorenz und Valentin, Freunden und Freundinnen und den vielen (zum Teil zufälligen) Bekannten, die sich aus Spaß und Freude für Fotos zu diesem Buch zur Verfügung stellten.
Oswald Stimpfl

SYMBOLE

- 🍎 Charakteristik des Ausflugs
- ⏳ Gehzeit und Höhenmeter bzw. benötigter Zeitrahmen
- ☼ Beste Jahreszeit, Wetter
- ✉ Adresse
- 🕐 Öffnungszeiten
- i Zusatzinformation
- 💰 Was kostet es?
- 🚌 Wie kommt man hin?
- ♭ Hier kann man heiraten!

Kartenskizzen:

━━━ Hauptausflug

═══ Ausflugsvarianten

Churburg Erlebnistipp

Cupido, der pfeilgewandt durch die Seiten begleitet, ist im Freskensaal der Haselburg in Bozen zu entdecken (Ausflug Nr. 22).

BILDNACHWEIS

Umschlagbild: © Suedtirolfoto/Helmuth Rier
Andreas Gottlieb Hempel: S. 24
Giuliano Righi: S. 130
Othmar Seehauser: S. 19, 41, 99, 167 o.
Alle übrigen Fotos stammen von Oswald Stimpfl.

© Folio Verlag, Wien – Bozen 2007
Redaktion: Petra Augschöll
Grafik: no.parking, Vicenza
Druckvorstufe: Typoplus, Frangart
Printed in Italy
ISBN 978-3-85256-362-6

www.folioverlag.com

Inhaltsverzeichnis

Vorwort

Dieses Buch widme ich allen liebenden Menschen, einerlei wel-
chen Alters und Geschlechts.
Egal, ob es sich um eine frisch
aufkeimende oder eine tief ge-
festigte Liebe handelt, ob Sie
schon lange das Band der Ehe
mit dem Partner verbindet oder
erste Pläne in diese Richtung
weisen – beim Durchblättern

dieser Seiten möchte ich Lust auf romantische Abenteuer wecken.
Das Buch ist kein (Reise-)Führer im eigentlichen Sinn, eher ein
Ver-Führer für alle, die sich gerne zu sinnlichen Erlebnissen und
kleinen Torheiten verführen lassen wollen.
Zugegeben, am Anfang war ich etwas unsicher, ob ich – immerhin
Jahrgang 1946 – wohl stets die richtige Stimmung einfange, aber
je mehr ich recherchierte, desto sicherer wurde ich: Dies ist vielleicht mein verrücktestes Buch, aber auch eines, das besonders
viel Freude bereitet. Monatelang habe ich Südtirol durch die rosa-
rote Liebesbrille betrachtet. Mit Frühlingsstimmung im Herzen
ging es quer durch die Jahreszeiten, auf Berge oder Anhöhen, in
Hotels und Landgasthöfe, hinein in Heu- und Wasserbäder, entlang
stiller Wanderwege zu malerischen Fleckchen – jedenfalls immer
auf den Spuren der Liebe, über die es in Südtirol unzählige Ge-
schichten und Anekdoten zu erzählen gibt. Ob als Südtiroler oder
als Gast, der dieses Land bereist, – die erlebnisreichen und idyllischen Orte, die ich Ihnen zeige, bieten für jeden etwas Animieren-
des, Unterhaltsames, Sinnliches oder Informatives.
Ich freue mich, wenn Sie mit Ihrem Schatz beim Ausprobieren der
Tipps unvergesslich liebe-volle Stunden verbringen.

Oswald Stimpfl

1 Liebe an der Grenze

ZUM FISCHGADERHOF BEIM HAIDERSEE

Im obersten Vinschgau wird man schnell zum Grenzgänger; die Schweiz und Österreich sind nicht weit. Und zum Blick, der in die Ferne schweift, und zum gemeinsamen Träumen passt ein liebevoll zusammengestelltes Picknick in idyllischer Umgebung.

Würzige Vinschger Ur-Paarln (zwei kleine, zusammenhängende Brotfladen aus Roggenmehl), Almkäse, Speck, Äpfel, Birnen, Kuchen und was immer Sie sonst noch mögen, eine Flasche besten Weines (vielleicht ein Blauburgunder oder Riesling aus dem Vinschgau) und eine große gemütliche Decke sind einige der Zutaten zu einem verlockenden Wald- und Wiesenspaziergang. Die übrigen Bestandteile sind ein kleiner Waldsee mit dem beruhigenden Namen „Fauler See" zwischen Burgeis und St. Valentin, eine große, bucklige, blumenübersäte Bergwiese beim unbewohnten, weitläufigen Gehöft Fischgader, Vogelgezwitscher, eine fantastische Aussicht – ja, und natürlich ein romantischer Partner.

Zum Fischgaderhof gelangt man vom Südufer des Haidersees (1453 m), wo es an der Radbrücke über die Etsch einige wenige Parkplätze gibt. Markierungen bringen Sie durch den Wald zum Faulsee, einem seichten stillen Weiher. Hier stehen Tisch, Bank und Grill. Der Weg geht leicht aufwärts, an einer Quelle vorbei auf einen Sattel, wo die Wiesen des Fischgaderhofs (1588 m) beginnen. In der Nähe des Hofes, am Waldrand oder hinter einem der vielen Wiesenbuckel finden Sie lauschige, stille Plätzchen. Zurück auf dem Fußweg, der der Trockenmauer zum Hof folgt, von da auf Steig Nr. 8 flott abwärts zur schmalen Talstraße und auf dieser zur Brücke zurück.

Beim „Schlössl am See"

Sehens- und Wissenswertes

♡ Der Fischgaderhof wurde 1287 von den Mönchen der nahen Benediktinerabtei Marienberg gegründet. Das große, schindelgedeckte, unbewohnte Anwesen gehört heute mehreren Besitzern. Fischgader ist bis zum heutigen Tag nicht an das öffentliche Stromnetz angeschlossen. Neben dem Gehöft steht ein Kirchlein, im Turm hängt eine alte Glocke, die den in Südtirol seltenen Heiligen Maurus und Placidus (Lieblingsschüler des hl. Benedikt) geweiht ist.

♡ Am nahen Reschensee sticht im Sommer das 28 m lange Passagierschiff MS Hubertus Interregio (Jahrgang 1937) in See. Während der Fahrt erzählt der Kapitän von den im Stausee versunkenen Dörfern Reschen und Graun. Abfahrt täglich um 15 Uhr in der Nähe des aus dem Wasser ragenden Kirchturms. Infos: Tel. 0473 633126

Wanderung

⚘ Reizvoll ist die Seeumrundung des Haidersees auf einem teilweise neu angelegten, ebenen Spazierweg in 1½ Stunden. (vgl. Kartenskizze)

Ein Tisch für zwei   **Zwei unter einer Decke**

Schlössl am See: Nicht nur der Platz und das Haus sind romantisch, auch seine Geschichte: Der einstige Besitzer schenkte es seiner damaligen Liebsten. Wunderbares Äußeres, innen einfach, mehrere Terrassen, Garten, Grillplatz, Restaurant; preiswert. Direkt am Nordufer des Reschensees, Montag Ruhetag, Tel. 0473 633533, www.schloesschen.net

Gasthaus Plagött: Westlich von St. Valentin auf der Haide auf einem sonnigen Geländebalkon in 1627 m Höhe gelegen. Tolle Aussicht, bodenständige Tiroler Küche, Wildgerichte. Hotelbetrieb mit 32 Betten. Kein Ruhetag, Tel. 0473 634663, www.hotel-plagoett.it

 Auf einen Blick

 Einfache Wanderung zu einem malerischen Ort

 Die Gehzeit für den Rundweg zum Fischgaderhof und retour beträgt 1½ Stunden, 200 Höhenmeter.

 Von Frühling bis Herbst bei schönem Wetter empfehlenswert

 Tourismusverein Vinschgauer Oberland, Tel. 0473 634603, www.reschenpass-suedtirol.it

 Von der Vinschger Staatsstraße zweigt am Südufer des Haidersees, beim Ortsteil Fischerhäuser die Zufahrt ab, die bis zum Faulen See erlaubt wäre. Einige wenige Parkplätze am Südufer des Haidersees an der Etsch-Radbrücke.

Reschensee

2 Alte Mauern, junge Liebe
IN DIE MITTELALTERLICHE STADT GLURNS

*Historische Plätze, runde Türme, wehrhafte Stadtmauern, aber
alles in Kleinformat – das ist Glurns mit seinen 800 Einwohnern.
Erkunden Sie zu zweit Altes wieder neu, steigen Sie auf den
hölzernen Wehrgang der Stadtmauer und spüren Sie einem alten,
bitterbösen Hochzeitsbrauch nach, den es nur im Obervinschgau
gibt, dem „Reitern"!*

Dort, wo sich seit jeher Transitwege kreu-
zen, liegt in einem weiten Talboden das win-
zige Städtchen Glurns, das seit blutigen Zu-
sammenstößen mit den schweizerischen Nachbarn
Stadtmauern umgürten. Von den wechselvollen
Beziehungen zwischen den Schweizern und den
Vinschgern im 15. Jh. erzählen die <mark>Churburg</mark> bei
Schluderns, die <mark>Fürstenburg</mark> und sogar Kloster
<mark>Marienberg</mark> bei Burgeis sowie Schloss Nauders
und Finstermünz im nahen Österreich. Die
beiden Glurnser Laubengänge – so niedrig,
dass man den Kopf einziehen muss – stammen aus der Zeit vor den verheerenden
kriegerischen Auseinandersetzungen von
1499, die stattlichen Bürgerhäuser aus der Zeit
danach. Von Glurns (in dem kurioserweise etliche Höfe samt Mist-
haufen, nicht aber die Pfarrkirche Platz hat) lassen sich überaus
lohnende Ausflüge in das malerische Umland unternehmen.

Wanderungen

✻ Die Bergwaal-Wanderung führt an der Kirche von Glurns vorbei hoch zur Kapelle St. Martin (1077 m) und weiter ansteigend bis Tschött. Sie folgt den Wegweisern Lichtenberger Höfe/Nr. 20 und dem schmalen Bergwaal, der sich durch Lärchenwald und Wiesen fast eben bis zu den Lichtenberger Höfen und einer mächtigen Ruine (1253 m) hinschlängelt. Ab hier Weg Nr. 6 Richtung Glurns nehmen, am uralten Kirchlein St. Jakob in Söles vorbei, zum Ausgangspunkt zurück. Gehzeit: 3½ Stunden, 550 Höhenmeter (vgl. Kartenskizze)

✻ Auf dem Tartscher Bühel, einem markanten Hügel zwischen Glurns und Mals, erhebt sich an der Stelle eines heidnischen Opferplatzes die romanische Kirche zum hl. Vitus. Archäologische Grabungen wiesen Brandopferstätten und Wohnhöhlen aus vorchristlicher Zeit nach, berühmt ist der Fund eines Hirschhorns mit rätischer Inschrift. An der Nordseite führt in wenigen Gehminuten ein Steig von der Vinschger Staatsstraße auf die mystische Anhöhe. Führungen im Sommer jeden Dienstag um 15 Uhr mit Start vor der Kirche. Infos und Anmeldung: Tel. 0473 737070

Am Tartscher
Bühel

Sehens- und Wissenswertes

♡ Der Traum des Schweizer Bahnpioniers und Erbauers der „Jung-
fraubahn" im Berner Oberland, Adolf Guyer Zeller, ging nicht
in Erfüllung: Er plante 1895 eine durchgehende Engadin-
Orient-Bahn: Chur–Vinschgau–Meran–Konstantinopel mit
Fortsetzung nach Bagdad und Indien. Ein weitaus bescheide-
nerer Traum erfüllte sich 2005: Die über Jahrzehnte stillge-
legte Vinschger Bahn zwischen Mals und Meran fährt wieder.
Auf dieser Strecke ist die Bahnfahrt an sich ein Erlebnis!

♡ Was auf den ersten Blick wie Schmierereien von untalentier-
ten Graffiti-Malern erscheint, sind Zeichen eines Hochzeits-
brauchs. Der „Reiter" ist ein großes hölzernes Sieb, der
nahrhafte Heublumen von trockenem Gras trennt. So wie das
Heu, werden auch Mädchen „gereitert", d. h. ausgesiebt –
das eine wird zur Hochzeit geführt, die anderen fallen durch.
In der Nacht vor der Hochzeit wird im Vinschger Oberland
den „ausgesiebten" Konkurrentinnen zum Spott auf die Straße vor deren Haus oder auf ihre Haus- und Scheunenmauer
ein stilisiertes „Reiter-Sieb" gemalt.

Zwei unter einer Decke

Hotel Gasthof Grüner Baum: Stattliches Haus am Stadtplatz in Glurns. Alt und Neu gehen eine beispielhafte Symbiose ein. Bäder mit großen, frei stehenden Badewannen, einmalige Dachterrasse mit Fernblick. Tel. 0473 831206, www.gasthofgruenerbaum.it

 ### Ein Tisch für zwei

Gasthof zum Gold'nen Adler: „Der Agathle", so nennen ihn die Einheimischen, ist ein traditionsreiches Dorfwirtshaus in Schleis/ Mals mit schönen Zimmern, sehr guter Küche und attraktiver Weinkarte. Donnerstag Ruhetag, Restaurant nur am Abend geöffnet. Tel. 0473 831139, www.zum-goldnen-adler.com

 ### Auf einen Blick

🍎 Besichtigung eines mittelalterlichen Juwels

☼ Ein Ausflug nach Glurns bietet sich das ganze Jahr über an; besonders stimmungsvoll aber ist ein Besuch in der Adventszeit, wenn das Städtchen wie eine Weihnachtskrippe leuchtet.

ℹ Tourismusverein Glurns, Tel. 0473 831097 oder 0473 737070, www.ferienregion-obervinschgau.it

🚗 Glurns liegt im oberen Vinschgau, 57 km westlich von Meran; erreichbar auch von Österreich aus über den Reschenpass.

„Reiter"-Graffiti

Prickelndes

ZUR WASSERTRETANLAGE IN PRAD

„Viele hundert und tausend Gemütsleiden, Niedergeschlagenheit, Gedrücktheit, halbe Verzweiflung, Mutlosigkeit, Verstimmung würden nicht stattfinden, wenn man durch das frische Wasser die Hütte des Geistes fleißig säubern würde ...", schrieb Sebastian Kneipp. Mit Ihrem Partner die gemeinsame geistige Hütte spülen (auf dass gar keine halbe Verzweiflung aufkomme!), kann ein guter Tipp sein: Suchen Sie dafür die liebevoll angelegte Wassertretanlage in Prad auf.

Die frei zugängliche Kneippanlage liegt östlich von Prad inmitten weiter Wiesen an einem muntern Bächlein, das sich vom Nördersberg zu Tal stürzt, und bietet einen stimmungsvollen Blick auf die herb-schöne Vinschger Landschaft. Das kühle Wasser des Nickbachs wird durch einen Kanal geleitet, der mit Platten ausgelegt und mit einem Geländer versehen ist. Nach Kneipp'scher Methode ist mit Storchenschritt langsam stakend das Bächlein abzuwaten. In die Armbecken steckt man die Unterarme bis über die Ellenbogen hinein. Zum Ausruhen stehen Bänke bereit.
Auf Anfrage im Tourismusbüro Prad werden auch eigene Führungen unter fachkundiger Leitung angeboten.

Sehens- und Wissenswertes

♡ Sebastian Kneipp (1821–1897) gilt als der bekannteste „Wasserdoktor". Er entdeckte durch seinen eigenen Leidensweg die heilende Kraft des frischen Nass' und begründete die moderne Wasserheilkunde. Viele haben vom Wassertreten gehört und wissen grob um deren Vorteile. Die Kneippkur umfasst allerdings weit mehr als Wasseranwendungen: Die ganzheitliche Idee beinhaltet den Einsatz von Heilpflanzen, die richtige Bewegung, eine ausgewogene Ernährung und einen gesunden Lebenswandel. Die Behandlung mit Wasser dient in erster Linie der Vorbeugung durch Abhärtung, folglich geringere Infektionsanfälligkeit und höhere Belastbarkeit.

Wanderung

❀ Eine hübsche Rundwanderung auf Weg Nr. 7 bringt Sie in ca. 45 Minuten ab der Wassertretanlage (913 m), erst ansteigend, später eben, zur einsam und idyllisch auf einem niedrigen Hügel gelegenen Kirche zur hl. Ottilia (1002 m). In weiteren 10 Minuten ist Tschengls erreicht; hier lohnt der Besuch der Tschenglsburg mit Schlossgaststätte (Einkehr). Rückweg über den etwas tiefer verlaufenden „Prader Steig" Nr. 3. Gehzeit für Hin- und Rückweg 1½–2 Stunden, 130 Höhenmeter (vgl. Kartenskizze). Zur hl. Ottilia, die blind geboren und durch ein Wunder sehend wurde, pilgern die Gläubigen bei Augenleiden. Wie sagte sie so wahr: „Warum beunruhigt ihr euch? ... ich sah und hörte, was man mit Augen nicht sehen, mit Ohren nicht hören, sondern nur mit dem Herzen wahrnehmen kann."

St. Ottilia

 ## Zwei unter einer Decke

Apparthotel Fux: Auf der Sonnenseite des Vinschgaus, bei Vetzan, bietet das Apparthotel Fux himmlische Ruhe und modernen Komfort. Das Haus liegt inmitten der Reb- und Obstanlagen. Tel. 0473 742131, www.apparthotel-fux.com

Ein Tisch für zwei

Zum Dürren Ast: Im Restaurant auf einer Wiesenempore oberhalb von Prad (2 km) bringt Klaus Theiner verfeinerte einheimische Gerichte auf den Tisch. Auch zu Fuß ab Prad in einer halben Stunde auf markiertem Steig Nr. 1 zu erreichen. Freitag Ruhetag, Tel. 0473 616638

Auf einen Blick

 Wassertreten nach Kneipp'scher Manier in traumhafter Umgebung
 Das Wasser ist sehr kühl, darum am angenehmsten im Sommer, bei schönem Wetter.
 Die Wassertretanlage ist frei zugänglich.

 Tourismusverein Prad, Tel. 0473 616034, www.prad.is.it
 Parken am Ortsrand von Prad, zu Fuß die Silbergasse entlang, dann auf dem ebenen Wanderweg Nr. 7 zum Nickkreuz und zur Anlage; ca. 15 Gehminuten

4 *Auf der Sonnenseite*

NACH ST. ÄGIDIUS BEI SCHLANDERS

Am Sonnenhang im Rücken zwischen Schlanders und Kortsch schaut ein blendend weiß getünchtes Kirchlein, St. Ägidius, übers Tal. Im kargen Gelände gedeihen auf sorgsam geschichteten Steinterrassen die letzten Reben und der Kastanienbaum findet hier seine nördlichste Verbreitung in Italien. Durch diese zauberhafte Landschaft zieht sich ein ebener Spazierweg, begleitet vom munteren Plätschern fließenden Wassers.

Das malerische Kirchlein St. Ägidius auf einem Felsenabsatz hoch über Schlanders stammt aus der Zeit um 1300 und war einst eine Einsiedelei. Die romanischen Wandfresken an der südlichen Außenmauer zeigen riesengroß den heiligen Christophorus, den Schutzpatron der Reisenden. Im Inneren sind Fresken aus der Zeit um 1600 angebracht. Oberhalb der Kirche liegt der Schatzknott mit massiven Mauerresten einer frühgeschichtlichen Wallburg. Und noch mal ein Stück darüber finden sich auf einem einsamen Felshügel die Überreste der Kapelle zum hl. Georg.

Einer der Wege zum Ägidiuskirchlein beginnt hinter dem Krankenhaus in Schlanders (721 m). Zunächst geht's den Schlandraunbach entlang (Mark. 5) in Kehren ordentlich aufwärts, bis die Höhe des Ilzwaals (930 m) erreicht ist. Der 1411 von den Herren von Schlandersberg angelegte Bewässerungskanal führt von März bis Oktober Wasser. Eben wandert man nun entlang schütter bewachsener, fast senkrechter Felswände, durch Mischwald, Obstgüter und Kastanienhaine bis zur idyllischen Kirche des hl. Ägidius. Laufend öffnet sich dabei der Blick zur wunderbaren

Vinschger Bergwelt. Ein wenig tiefer führt ein promenadenartiger Steig, den man auf Weg Nr. 4 rechts vom Kirchlein absteigend erreicht, nach Schlanders zurück.

„Scheiben-schlagen"

Sehens- und Wissenswertes

♡ Der Vinschgau ist einer der regenärmsten Lebensräume der Alpen, ohne Bewässerung wäre eine landwirtschaftliche Nutzung nur bedingt möglich. Die Talbewohner haben deshalb in Jahrhunderten ein aufwändiges System von Bewässerungskanälen, „Waale", angelegt, um das Schmelzwasser der Gletscherbäche zu ihren Feldern zu leiten. Die Kanäle entlang führt ein schmaler Wartungsweg für den „Waaler", eine Glocke an einem Wasserrad zeigt an, ob Wasser fließt und somit das Leitungssystem intakt ist. Auch wenn viele Waale von modernen Beregnungsanlagen abgelöst wurden, sind immer noch einige in Betrieb. Wanderungen entlang der ebenen und zahlreichen Waalwege sind ein besonderes Erlebnis.

♡ Am ersten Fastensonntag findet u. a. am Schatzknott beim Ägidiuskirchlein das „Scheibenschlagen" statt, ein alter Brauch, bei dem in der Dämmerung kleine, im Feuer angeglühte Holzscheiben mit einer Haselrute über den Berghang „geschlagen" werden. Jede Scheibe wird mit einem Gruß, oft an die Liebste des jeweiligen Schlägers, oft auch mit einem neckischen Vers, in die Dunkelheit katapultiert. Ein Brauch mit Volksfestcharakter, aber durchaus romantisch!

🚗 Zwei unter einer Decke

Sporthotel Vetzan: Modern und heimelig umgebautes Viersterne-Traditionshotel für hohe Ansprüche, mit guter Küche und wohlgefülltem Weinkeller. Einige Zimmer mit bezaubernd romantischem Himmelbett sind wie gedacht für eine süße Lovestory. Schlanders/Vetzan 63, Tel. 0473 742525, www.sporthotel-vetzan.com

🍴 Ein Tisch für zwei

Goldene Rose: Das gepflegte Dorfgasthaus mit einer gemütlichen Gaststube, in der sich gerne die Einheimischen treffen, liegt zentral in der Fußgängerzone von Schlanders. Es vereint Tiroler Tradition und italienischen Einfluss. Gute Auswahl an Vinschger Weinen. Sonntag Ruhetag, Tel. 0473 730218, www.hotel-goldenerose.it

ℹ Auf einen Blick

👣 Einfache Wanderung mit beträchtlichem Anstieg am Beginn
⏳ Insgesamt 2 Stunden Gehzeit, 300 Höhenmeter
☼ Von März bis Oktober führt der Ilzwaal Wasser, dann ist eine Begehung des Waalwegs am lohnendsten. Teilweise schattige Wanderung, und deshalb auch im Hochsommer angenehm.

🕐 St. Ägidius steht von Ostern bis Allerheiligen tagsüber offen.
ℹ Tourismusverein Schlanders, Tel. 0473 737050, www.schlanders-laas.it
🚗 Parkplatz beim Krankenhaus in Schlanders; Schlanders ist auch mit der Vinschger Bahn ab Meran oder Mals zu erreichen.

Liebesnest

NACH ST. MARTIN IM KOFEL

*Dem Himmel so nah – in St. Martin im Kofel am Vinschger Son-
nenberg, wo sich eine kleine Kirche, einige Häuser und eine Burg
des 20. Jh. an den steilen Hang klammern. Der sonnenreiche,
abgeschiedene Ort ist in einer atemberaubenden Seilbahnfahrt
ab Latsch (793 m) erreichbar.*

Die „Burg" am exponierten felsigen Steilhang in 1750 m Höhe ist
ein Turm-Chalet des Vinschger Architekten Werner Tscholl, eines
der kühnsten, fähigsten und meist gefragten Planer des Alpenraums. Anfänglich als Refugium für den Bauherrn, den Unternehmer Walter Rizzi, gedacht, wird der luxuriöse, mit aller erdenkli-
cher Raffinesse ausgestattete Turm von diesem nur sporadisch
bewohnt und kann zur Freude von Gästen mit exklusivem Anspruch
wochenweise gemietet werden. Für einen ultimativen Kurzurlaub
oder extravagante Flitterwochen sind Sie hier richtig!
Eigentlich wollte Walter Rizzi eine alte Burg mit einem markanten
Rundturm erwerben. Als dies nicht gelang, setzte er kurz ent-
schlossen eine neue Burg in den Weiler St. Martin im Kofel. Der
über 20 m hohe Rundbau, ähnlich den alten Bauten des Vinschgaus

St. Martin,
hinten der
Rizzi-Turm

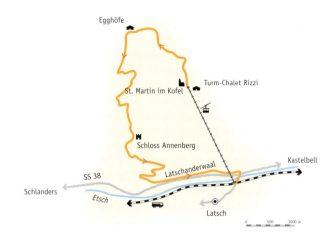

aus Naturstein geschichtet, wirkt von der Bergseite her unnahbar, wenige Fenster in Schießschartenform sowie die Zugbrücke aus Stahl verstärken den Burgcharakter. Zur Talseite hin öffnet sich der Bau, die Glasfronten bieten unglaubliche Ausblicke ins 1000 m tiefer gelegene Tal und zu gegenüberliegenden Bergspitzen, allen voran dem beherrschenden 3257 m hohen Hasenöhrl. Ein kostbares – aber auch kostenintensives – Paradies.

Sehens- und Wissenswertes

♡ In der einfachen Kirche von St. Martin nahe der Bergstation der Seilbahn steht in einer Felshöhle das Gnadenbild des gleichnamigen Heiligen, er gilt als Schutzpatron des Viehs. Wegen dieses Höhlenheiligtums heißt der Ort korrekt St. Martin *im* und nicht *am* Kofel. Kofel steht mundartlich für Felsberg. Schlüssel beim Pfarrer erhältlich.

Wanderung

✳ Von St. Martin zieht sich eine Straße in 40 Minuten hinüber zu den Egghöfen (1677 m), die ineinander geschachtelt wie ein Schwalbennest am steilen Hang kleben. Gute Einkehr mit herzhafter Hausmannskost, wie etwa Schöpsernes. Kein Ruhetag, Tel. 0473 623628. Wer keine Knie-Probleme hat, wandert auf teils schmalen Steigen in 2 bis 3 Stunden gerade runter ins Tal, vorbei am (Liebes-)geschichtenumwobenen Schloss Annenberg, bis nach Latsch. 950 Höhenmeter. (vgl. Kartenskizze)

 ## Zwei unter einer Decke

Turm-Chalet Rizzi: 500 m² Wohnfläche auf vier Etagen, Wellnessbereich, Wasserfall, Hallenbad, edelste Innenausstattung, Kunstobjekte. Mindestaufenthalt 1 Woche von Samstag bis Samstag, 500 € für 2 Personen pro Tag. Buchung bei Simone Rizzi, Tel. 335 8185510, www.turm-chalet.com

 ## Ein Tisch für zwei

Restaurant Kuppelrain: Ein Spitzenrestaurant im nahen Kastelbell, wo Jörg Trafoier mit Fantasie und Leidenschaft seine Gäste verwöhnt und Gattin Sonia sich um Wein und Service kümmert. Direkt am Bahnhof von Kastelbell, Sonntag und Montagmittag Ruhetag, Tel. 0473 624103, www.kuppelrain.com

 ## Auf einen Blick

🍎 Urlaub in einem Haus der Extraklasse
❁ Ganzjährig empfehlenswert!
ℹ Simone Rizzi, Tel. 335 8185510, www.turm-chalet.com; Tourismusverein Latsch, Tel. 0473 623109, www.latsch.it

🚋 Die Vinschger Bahn Meran–Mals hält in Latsch. Von Latsch geht's mit der Seilbahn in wenigen Minuten steil hinauf nach St. Martin im Kofel. Das Turm-Chalet liegt 200 m neben der Bergstation.

6 Schluss mit mönchischem Leben

NACH KARTHAUS IM SCHNALSTAL

Jahrhundertelang war das abgeschiedene Schnalstal so etwas wie ein weißer Fleck auf der Landkarte, nur verwegenen Bergsteigern bekannt. Mit dem Bau des Gletscherskigebiets im Talschluss hielt der Tourismus Einzug und der Bekanntheitsgrad wuchs seit dem Fund der Gletschermumie Ötzi. Doch Romantiker werden nach wie vor von der einsamen Berglandschaft, der eisigen Schönheit der Berge, lichtgrünen Lärchenwäldern sowie uralten Höfen und historischen Dörfern angelockt.

Schloss Juval

Auf der Westseite in 1327 m Höhe, ungefähr in der Mitte des Schnalstals, liegt Karthaus. Noch immer umschließen mittelalterliche Mauerzüge den Ort. Kartäusermönche hatten 1326 in der Abgeschiedenheit des Tals hier das Kloster Allerengelsberg gegründet. Bis zum Jahre 1782 bewohnten es 15 Mönche. Dann wurde im Zuge der Reformpolitik von Kaiser Joseph II. die Gemeinschaft aufgelöst. Unmittelbar darauf nahmen Kleinbauern Besitz von den leer stehenden Gebäuden. 1924 verwüstete ein verheerender Brand das Dörfchen, dennoch blieb viel erhalten und wurde vorbildlich restauriert. Heute noch zu sehen sind der Kreuzgang, die Klosterküche, der Weinkeller und nicht zuletzt die Grotte mit dem überlebensgroßen Kruzifix. Ein Teil der alten Klosteranlage wird vom Hotel Zur Goldenen Rose genutzt. Paul Grüner, der Hausherr, bietet einen romantischen Komplettservice für Paare, die sich für immer gefunden haben: Festgottesdienst in der idyllischen Kapelle im Wald, Räume für den Festschmaus für bis zu 120 Personen, Musik für jeden Geschmack, Zimmer für Hochzeitsgäste und eine Suite für die Nacht der Nächte ...

Sehens- und Wissenswertes

♡ Im Museum ArcheoParc in Unser Frau in Schnals wird auf einem 4000 m² großen Freigelände der Lebensraum von Ötzi, dem Mann aus dem Eis, vorgestellt. Seine mumifizierte Leiche kam im Sommer 1991 in den nahen Bergen auf über 3000 m zum Vorschein. Besucher können Feuer machen wie zu Ötzis Zeiten, Steinwerkzeug herstellen oder Bogenschießen üben. Geöffnet von April bis Anfang November, Montag Ruhetag (außer im Hochsommer), Tel. 0473 676020, www.archeoparc.it

Der Kreuzgang

Wanderung

✻ Der Klassiker unter den leichten Wanderungen führt von Altratheis (844 m) den Schnalswaal, den uralten Bewässerungskanal (Mark. 3), entlang in 1½ Stunden nach Schloss Juval (927 m) – waldige und felsige Steilhänge querend. Auf dem gleichen Weg zurück. Oder aber kurz hinunter zum Schlosswirt Juval (gute Einkehr!) und den Waal entlang über den Vinschger Sonnenberg mit seiner steppenartigen Trockenvegetation bis Tschars an der Vinschger Talstraße (Bus- und Bahnstation). In dem Fall 300 Höhenmeter im Abstieg, 3 Stunden Gehzeit. (vgl. Kartenskizze)

🍴 Ein Tisch für zwei   🚗 Zwei unter einer Decke

Hotel Zur Goldenen Rose: Prägend mitten in Karthaus gelegen, verbindet das Haus Alt und Neu auf vorbildliche Weise. Viel Holz, gemütliche Stuben, geräumige Zimmer mit schönen Bädern, gute Küche. Kein Ruhetag, Tel. 0473 679130, www.goldenerose.it

ℹ Auf einen Blick

🍎 Besichtigung eines malerischen historischen Dorfes
☼ Ganzjährig ein empfehlenswerter Ausflug
ℹ Tourismusverein Schnalstal, Tel. 0473 679148, www.schnalstal.it

🚗 Von der Vinschger Straße zwischen Naturns und Staben Abzweigung ins Schnalstal, 10,5 km bis Karthaus

7 *Oben ohne und mit scharfen Kurven*

EINE CABRIO-FAHRT IM VINSCHGAU

Haben Sie schon mal davon geträumt, im Cabrio über Landstra-
ßen zu kurven oder sich in den Beifahrersitz zu kuscheln, wäh-
rend warmer Fahrtwind mit Ihrem Haar spielt, die Sonne Ihre
Haut kitzelt, Sie den Duft blühender Wiesen oder die harzige
Waldluft einziehen … Musik aufdrehen und ab geht's, dass die
Reifen quietschen!

Cabrio fahren steht für Freiheit, Som-
merspaß, Übermut und ein bisschen Un-
vernunft! Sofern Sie nicht selbst stolzer
Besitzer eines flotten Flitzers sind, können Sie in einem der fünf Häuser im
Vinschgau, die sich zu den Dolce-Vita-
Hotels zusammengeschlossen haben,
ein Cabrio mieten. Hotelgästen stehen
gegen eine geringe Gebühr verschiedene

Modelle, vom VW-Beetle bis zum Fiat-Barchetta, für eine Spritztour
zur Wahl. Wenn Engel reisen, kann es nicht himmlischer sein: Ruck,
zuck – und mit wenigen Handgriffen verschwindet das Verdeck im
Kofferraum. Kühltasche und Kuscheldecke fürs Picknick verstaut,
Sonnenbrille und Mütze aufgesetzt – los geht's entlang einer der
schönsten Auto-Routen: Abfahrt in Naturns, über die Talstraße nach
Schlanders mit Dorfbummel in der Fußgängerzone. Nächster Stopp
ist im Marmordorf Laas, in dem sogar die Gehsteige mit dem „weißen
Gold" gepflastert sind; hier verlässt man die Talstraße und fährt nach
Allitz (Einkehrtipp: Gasthof Sonneck) und weiter hinauf zum Weiler
Tanas. Am Gasthaus Paflur vorbei (nette Einkehr), dann überquert
die kaum befahrene, gute Asphaltstraße einen tiefen Bachgraben,
auf fast 1600 m ist dies der höchste Punkt der Tour. Etwas unterhalb
der Straße leuchtet auf einem Felsen weiß die barocke Kirche
St. Peter mit ihrem Zwiebelturm; sie ist in 15 Minuten Fußweg auf
schönem Steig erreicht. Von der gegenüberliegenden
Talseite grüßen mächtige Gletscher. Die Straße
senkt sich allmählich, schneidet Wiesenhänge
und erreicht bei Schluderns wieder die

Reschen

Mals
Glurns
Churburg
Schluderns
Tanas
Allitz
Spondinig
St. Peter
Prad
Laas
Schlanders
Etsch
Naturns
Meran

0   10000 m

Talsohle. Am sehenswerten mittelalterlichen Städtchen Glurns vorbei führt die Talstraße über Prad und Spondinig zurück nach Naturns. 71 Kilometer.

Sehens- und Wissenswertes

♥ Am Weg liegen zahlreiche sehenswerte Orte: In Naturns etwa die uralte St.-Prokulus-Kapelle, in Latsch die Spitalkirche mit dem Lederer-Altar – und in Schluderns verlockt die Churburg zu einem längeren Stopp. Sie ist eines der prächtigsten und am besten erhaltenen Renaissanceschlösser Südtirols und beherbergt die weltweit größte private Rüstsammlung. Im Arkadengang im ersten Stock rankt sich der Stammbaum der Burgbesitzer über das Gewölbe: der Vögte von Matsch und der Grafen Trapp. Im Jakobszimmer ist im sechsteiligen Zyklus „Auszug des Jahres" oberhalb des Frühlingswagens, in dem Flora sitzt, der pfeilgewandte Amor zu entdecken. Zu besichtigen mit Führung von 20. März bis Ende Oktober, dienstags bis sonntags 10–12 und 14–16.30 Uhr. Infos: Tel. 0473 615241

♥ Die Gegensätze der Vinschger Landschaft lassen sich unter der Wirkung fernöstlicher Entspannungs- und Massagetechniken noch intensiver erleben. Das Wellnessangebot der Dolce-Vita-Hotels umfasst auch Meditation mit tibetischen Mönchen, Massagen mit Therapeutinnen aus Indonesien und den Besuch uralter Kraftplätze im Vinschgau – wie Schloss Juval bei Staben und Kloster Marienberg bei Burgeis. Infos: Callcenter Dolce-Vita-Hotels, Tel. 0473 720165

Zwei unter einer Decke

Dolce-Vita-Hotel Lindenhof: Mehrere Linden (und die Linde gilt als Liebesbaum) an der Einfahrt haben dem modern gestalteten Viersternehaus in Naturns seinen Namen gegeben. Hier verwöhnt und umsorgt man Sie auf höchstem Niveau. Ein Hit ist das fahrbare Doppelbett, das Sie per Knopfdruck auf den Balkon bringt: Nicht nur im Cabrio, auch im Bett sind die Sterne nah! Tel. 0473 666242, www.lindenhof.it Die weiteren vier Dolce-Vita-Hotels: Feldhof (Naturns), Jagdhof (Latsch), Paradies (Latsch), Preidlhof (Naturns): www.dolcevitahotels.com

St. Peter

 ## Ein Tisch für zwei

Gasthaus Sonneck: Herbert Thanei verwöhnt seine Gäste mit italienischen und verfeinerten Tiroler Gerichten, hausgemachten Nudeln, Wild, Zwetschken- oder Marillenknödeln; gepflegte Weinkarte. In Allitz/Laas, Dienstag Ruhetag, Tel. 0473 626589, www.gasthaus-sonneck.it

 ## Auf einen Blick

🍎 Urlaub im Vinschgau samt Rundfahrt mit Cabriolet
💰 Übernachtung im Doppelzimmer im Lindenhof mit Dreiviertelpension ab ca. 80 € pro Person (saisonabhängig), Cabrio-Mietpreis für 1 Tag: ca. 39 €
☼ Cabrio fahren ist nur dann schön, wenn man nicht friert; also am besten zwischen Frühsommer und Frühherbst.

ℹ Das Mieten eines Cabrios ist nur für Hotelgäste möglich. Infos: Callcenter Dolce-Vita-Hotels, Tel. 0473 720165
Tourismusverband Vinschgau: www.vinschgau.is.it, Tel. 0473 737000
🚗 Naturns liegt im Vinschgau, 19 km westlich von Meran.

Unbändige Kraft

ZUM PARTSCHINSER WASSERFALL

Tosend werfen sich die Wassermassen des Zielbachs weit über eine frei stehende Felswand hinaus und fast hundert Meter in die Tiefe, in allen Regenbogenfarben schimmern die sprühenden Gischtfahnen.

Der Partschinser Wasserfall ist der höchste Südtirols und mit einer Wasserführung von 4000 bis 10.000 Litern pro Sekunde auch einer der mächtigsten; vor allem zur Zeit der Schneeschmelze von Mai bis Juli oder nach heftigen Regenfällen bietet der Zielbach ein beeindruckendes Schauspiel. Vom Dorfkern (625 m) aus ist der Wasserfall (1060 m) mit dem Gästebus oder zu

Wanderung

✤ Die Zeugnisse früher Siedler reichen in Partschins bis in die Jungsteinzeit zurück. Der Sagenweg ist mit dem Symbol zweier Steinzeitjäger markiert. Er führt vom Ostende von Partschins zum Weiler Vertigen, biegt links auf den Partschinser Waalweg, folgt dann dem Geadaweg zum Golderskofel, geht weiter zum sagenumwobenen Saltenstein und zurück in die Ortsmitte von Partschins. Immer wieder finden sich entlang des Wegs geheimnisvolle Zeugnisse früherer Zeiten: Schalensteine, der Schwolbnkofl (ein vorgeschichtlicher Wohnstein), die Wohnhöhle der Wetterhexe „Stuana-Geada" (auf der Steinplatte, die die Höhle überdacht, ist noch die Sitzfläche der Hexe, die Einkerbungen ihres Spinnrads und der Abdruck des Feuerhand des Teufels zu sehen), die Teufelsplatte (mit zwei Frauenfußabdrücken und sechs Paar Ziegenhufabdrücken!) und noch mehr an Wunderlichem. 2½ Stunden Gehzeit, 350 Höhenmeter. (vgl. Kartenskizze)

Fuß (ca. 1½ Stunden) leicht zu erreichen. Entlang Markierung 8 geht's auf einer schmalen Straße hinauf ins Zieltal, vorbei am mächtigen Saltenstein, wo der 3 km lange Partschinser Waalweg beginnen würde. Mit tiefem Rauschen kündigt sich die Kaskade an, die am besten von der Aussichtskanzel aus genossen wird, zu der vom Gasthaus Wasserfall in wenigen Minuten ein gut gesicherter Steig führt. Die hohe Luftfeuchtigkeit und die Verdunstungskälte sind nicht nur erfrischend, das Donnern und die unbändige Kraft des Wassers beleben die Sinne und das Bedürfnis, seinen „Schatz" fest und schützend an sich zu drücken.

Sehens- und Wissenswertes

♡ Im Zentrum von Partschins steht die altehrwürdige Stachl-burg, eine typische Tiroler Dorf-Burg. Trotz ihres kühnen Aus-sehens mit starkem Turm, Schießscharten und Zinnen war sie mehr Wohn- als Wehrburg des Landadels. Auf diesen Höhen um 650 m gedeihen Äpfel ausgezeichnet; sie haben die Reben weitgehend verdrängt. Baron Sigmund Kripp, Eigentümer der Stachlburg (seine Familie ist seit fast 500 Jahren im Besitz der Anlage), hat entgegen dem Trend auf den sonnigen Lagen wieder Reben angesetzt und widmet sich ganz dem Bio-Wein-bau. In der Burg hat er eine kleine, feine Kellerei etabliert, wo er mehrere Spezialitäten anbietet, darunter einen Blau-burgunder und Chardonnay. Und für alle, die das Süße lieben, gibt's einen besonderen Tropfen: Weil der Baron auch in Ungarn Ländereien besitzt, kommt von dort ein wundervoller Süßwein, der auf der Stachlburg verkostet und gekauft wer-den kann. Bei Voranmeldung werden Kellerführungen und Weinverkostungen mit kleinen Jausen organisiert, im stilvol-len, von Mauern umkränzten Garten oder im Torgglkeller, wo die alte mächtige Weinpresse steht. Partschins, Mitterhofer-str. 2, Tel. 0473 968014, www.stachlburg.com

Zwei unter einer Decke

Pergola Residence: In Algund ist aus der Zusammenarbeit zwischen einem aufgeschlossenen Bauherrn und Matteo Thun, dem Stararchitekten mit Südtiroler Wurzeln, ein einzigartiges Bauwerk entstanden, das sich an das steile Rebengelände schmiegt. In dem Gebäude aus Holz, Stein und Glas harmonieren warmes Licht, freie Aussicht, großzügige Räume, Offenheit und Geborgenheit. Natürlich mit allem erdenklichem Komfort. Traumhafte Ferienwohnungen! Algund, Kassianweg 40, Tel. 0473 201435, www.pergola-residence.it

Ein Tisch für zwei

Gasthaus Wasserfall: Das gemütliche Gasthaus liegt ganz in der Nähe der Aussichtskanzel des Wasserfalls. Terrasse, heimelige Stuben, herzliche Wirtsleute und riesige Portionen lohnen die Einkehr. Endstation des Gästebusses; bei größeren Gesellschaften und Vorbestellung Anfahrt mit Auto erlaubt. Samstag Ruhetag, Tel. 0473 967274

ℹ Auf einen Blick

🍎 Einfache Wanderung bzw. Spaziergang zum höchsten Wasserfall Südtirols

⏳ Hin und retour ca. 2½ Stunden, 440 Höhenmeter. Es verkehrt ein Gästebus bis zum Gasthaus Wasserfall in unmittelbarer Nähe des Wasserfalls.

☼ Der Wasserfall stürzt am eindruckvollsten von Frühjahr bis Frühsommer, zur Zeit der Schneeschmelze in den Bergen, in die Tiefe.

ℹ Tourismusverein Partschins, Tel. 0473 967157, www.partschins.com

🚗 Partschins liegt ca. 8,5 km von Meran entfernt am Beginn des Vinschgaus. Die Vinschger Bahn Meran–Mals hält in Töll Brücke; von da 1½ km (mit dem Bus oder 20 Minuten zu Fuß) ins Ortszentrum von Partschins.

9 Schwebend ins Glück

AUF DEN SEGENBÜHEL BEI DORF TIROL

Ein altmodisch anmutendes Gefährt ist er schon, der Einzel-Sessellift von Meran auf den Segenbühel bei Dorf Tirol. Aber gerade deshalb ist die 430 m lange Fahrt so reizvoll!

Auf dem Geländeriegel, der sich von der Mutspitze nach Süden vorschiebt, breitet sich Dorf Tirol mit seinen Obst- und Weinbergen und vielen Hotelanlagen aus. Als letzter Ausläufer des Küchelbergs drängt sich der Segenbühel direkt an das Stadtgebiet von Meran heran. Die Talstation des Lifts liegt wenige Schritte von der Meraner Pfarrkirche entfernt, ein seltener Glücksfall, dass eine Aufstiegsanlage im Stadtzentrum startet. 40 Einzelsessel (kurz getrennt, ist die Freude umso größer, sich nach der Fahrt wieder in die Arme zu schließen ...) bringen die Gäste von 319 m hinauf in 488 m Höhe, und das schön gemächlich, mit 1,5 Metern pro Sekunde.

An der Berg-, besser gesagt Hügelstation, warten ein umwerfender Rundblick, Ruhebänke und – erstaunlich für die Stadtnähe – eine einladende Wiese, um eine Decke auszubreiten und das mitgebrachte Picknick hoch über den Dächern von Meran zu genießen.

Wanderung

※ Es gibt in Meran die Winter-promenade und die Sommer-promenade, die Kurpromenade und die Gilfpromenade – und den über 4 km langen Tapp-einerweg. Benannt ist die von Zypressen, Palmen und ver-einzelten Olivenbäumen be-standene Promenade nach dem Vinschger Arzt Dr. Franz Tappeiner (1816–1902). Er praktizierte mit Erfolg neue

Tappeinerweg

Heilmethoden und beschäftigte sich nebenbei mit Anthro-pologie, Ethnografie und Botanik. Und er finanzierte das erste Teilstück des Tappeinerwegs aus eigener Tasche. Am Pulverturm am Ende der Gilfpromenade beginnend, umrun-det der Tappeinerweg hundert Meter über den Dächern der Stadt den Küchelberg und führt aussichtsreich bis Gratsch. Mehrere Einkehrstätten laden zum Verweilen ein, an vielen lauschigen Ecken stehen Bänke. Die viel begangene Prome-nade empfiehlt sich zu jeder Jahres- und Tageszeit. Gehzeit 45 Minuten. Rückkehr mit dem Bus möglich; kaum Höhen-unterschied. (vgl. Kartenskizze)

 Zwei unter einer Decke

Hotel Castel: In unvergleichlicher Panoramaposition schmiegt sich das Fünfsterne-Luxushotel an einen von Reben bewachsenen Südhang. Die Suite „Romantik" wartet sogar mit einem Himmel-bett auf! Im Restaurant umhegt ein Haubenkoch die Gäste mit kulinarischen Aufmerksamkeiten. Dorf Tirol, Keschtngasse 18, Tel. 0473 923693, www.hotel-castel.com

♥ *Ein Tisch für zwei*

Sissi: Im traditionsreichen Gourmetlokal neben der Talstation des Sessellifts gelingt Andrea Fenoglio meisterhaft das Zusammenspiel von mediterraner und internationaler Küche. Montag Ruhetag, Tel. 0473 231062

ℹ Auf einen Blick

🍎 Nostalgische Sessellift-Fahrt zu einem aussichtsreichen Platz über den Dächern Merans

☼ Warm soll es sein, aber nicht zu heiß, für den Ausflug nach Dorf Tirol; darum am schönsten im Frühling, Früh- und Spätsommer.

Gratsch

ℹ Küchelberg Sessellift, Tel. 0473 923105; durchgehender Liftbetrieb von 9–18 Uhr, im Sommer bis 19 Uhr; Kurverwaltung Meran, Tel. 0473 272000, www.meraninfo.it

🚗 Die Talstation des Sessellifts liegt in der Galileistraße im Zentrum Merans. Parkplatz in der Tiefgarage „Meraner Kellerei" direkt neben der Talstation.

Wo Fuchs und Hase ...

NACH STULS IM PASSEIERTAL

Wo sich das Passeiertal gabelt, liegt auf einem Felsband das Dörfchen Stuls und blickt wie von einem Balkon auf St. Leonhard und weiter talauswärts nach Süden. Das Sträßchen, das sich von der Talstraße bei Moos heraufschlängelt, endet in Stuls auf 1332 m, und dann sagen sich hier Fuchs und Hase gute Nacht.

Idyllische Lage, kristallklare Luft, rauschende Bäche: Wo schöner ließen sich gemeinsame Spaziergänge zu stillen Waldlichtungen und Blumenwiesen unternehmen? Dieser Vorschlag führt zu einem Ort mit bedeutender Geschichte und klingendem Namen: der Silberhütt-Höh'. Der markante bewaldete Hügel sticht an der Höfezufahrt östlich von Stuls etwas unterhalb der Straße (bei einer Wegkapelle am Rand einer Wiese) ins Auge. Hier lag, wie Funde beweisen, ein bronzezeitlicher Wohnplatz. Der Name erinnert an das nahe Bergwerk auf dem Schneeberg, wo sich in einer Höhe von über 2000 m

eines der ergiebigsten Blei- und Zinkbergwerke des Alpenraums befand. 1237 das erste Mal erwähnt, erlebte es seine Blütezeit im 15. Jh. und wurde erst 1967 geschlossen. Seit einigen Jahren befindet sich dort oben ein sehenswertes Schaubergwerk (15. Juni bis 15. Oktober; erreichbar von der Timmelsjochstraße in 2 bis 2½ Stunden Gehzeit). Das Erz wurde früher an Ort und Stelle geschmolzen, anschließend wurde das Silber nach Meran geliefert, wo eine Münzprägestätte das

Blick auf
die Jaufen-
burg und
St. Leonhard

Edelmetall verarbeitete. Die Silberhütt-Höfe in Stuls zeugen noch
heute von einer solchen Schmelzhütte am Fuße des Schneebergs.
An diesem einst so bedeutenden Platz lässt sich trefflich die Decke
ausbreiten und übers weite Land schauen ...

Wanderung

✵ Der Europäische Fernwanderweg E5 führt an Stuls vorbei;
der hier beschriebene Streckenabschnitt ist einer der aus-
sichtsreichsten und weist nur eine geringe Steigung auf:
Beginnend in Moos zieht sich der alte Weg parallel unterhalb der Fahrstraße hin, ab dem Obersilberhütt-Hof hinter
Stuls ist er auch mit Nr. 9 markiert. Während die E5 kurz vor
dem Weiler Glaiten ins Tal ginge, empfiehlt es sich für diese

kurze Wanderung auf dem Höhen-
weg zu bleiben; so erreicht man das
überaus malerisch auf einer Hügelkuppe gelegene Kirchlein St. Hippolyt, einen prähistorischen Siedlungs-
platz. In der Nähe mündet der Weg
in die Jaufenpassstraße. Nun Abstieg ins Tal und von St. Leonhard
mit dem Bus zurück nach Moos. 3½
Stunden Gehzeit, 400 Höhenmeter
im Aufstieg, 650 Höhenmeter im
Abstieg. (vgl. Kartenskizze)

Zwei unter einer Decke

Hotel Stullerhof: Das schmucke neue Berghotel in Stuls mit großen, hellen, nach Holz duftenden Zimmern, einer faszinierenden Aussicht zur nahen Bergwelt, blumengeschmückten Balkonen und lustigen Wirtsleuten ist der richtige Stützpunkt für Ausflüge im Passeiertal. Außerdem Garten, Sonnenterrasse, Freibad, Wellnessbereich. Tel. 0473 649543, www.stullerhof.com

Ein Tisch für zwei

Hotel Frickhof: Der Frickhof liegt im Herzen von St. Leonhard, dem Hauptort des Passeiertals. Das Haus ist weitum für die gepflegte Küche, in der auch die einheimischen Spezialitäten nicht zu kurz kommen, bekannt. Samstag Ruhetag, Tel. 0473 656119, www.frickhof.com

Auf einen Blick

● Gemütliche Zweisamkeit in bergwerksgeschichtlich bedeutender Landschaft

☼ Am lohnendsten ist der Ausflug von Frühsommer bis Frühherbst bei schönem Wetter.

i Tourismusverein Passeiertal, Tel. 0473 656188, www.passeiertal.it

🚗 Von Meran ins Passeiertal; von Moos in Hinterpasseier sind es noch 5 km bis Stuls. Die Silberhütt-Höhe erreicht man in 10 Gehminuten vom Stullerhof aus.

Ihr Strom liegt uns am Herzen.

Je weniger Sie über Ihre Stromversorgung nachdenken müssen, desto besser haben wir unsere Arbeit gemacht. Als lokaler Energiedienstleister sind wir uns dieser Verantwortung sehr bewusst und deshalb schon seit über 100 Jahren ein Partner, auf den Sie sich 24 Stunden am Tag, 7 Tage in der Woche und 365 Tage im Jahr verlassen können.

Wir machen Energie persönlich.

azienda energetica spa
etschwerke ag

E-Mail: info@ae-ew.it
www.ae-ew.it

Zwölfmalgreiener Straße 8   Laurinstraße 1
39100 Bozen   39012 Meran

Numero Verde · Grüne Nummer
800-225420

Im Liebesbaum

ZUM THURNERHOF IN SCHENNA

Das Liebesversprechen, im Stamm des Kastanienbaums beim Thurnerhof in Schenna zugeflüstert, soll von besonderer Wirksamkeit sein – so will es die Überlieferung. Also nichts wie hinein in die geräumige Baumhöhle, machen Sie es sich auf der Bank bequem und flüstern Sie sich gegenseitig die süßesten Versprechungen zu! Erzherzog Johann, einst Herr auf Schloss Schenna und selbst in tiefer Liebe entbrannt, würde wohlwollend zustimmen ...

Das Wirtshaus Thurnerhof – ein behäbiger, alter Bauernhof – liegt in einmaliger Aussichtsposition, umgeben von Apfelgärten und Kastanienbäumen, etwas außerhalb des Urlaubsdorfes Schenna. Es gehört zum Besitz von Schloss Schenna, das noch heute Nachfahren von Erzherzog Johann von Österreich bewohnen. Neben dem Wirtshaus wächst ein mächtiger, jahrhundertealter Kastanienbaum. Experten schätzen sein Alter auf gut 600 Jahre. In seinem gespaltenen Stamm, der wie eine lauschige Höhle wirkt, hat sogar eine Sitzbank Platz! Auf Momente zu zweit in dieser außergewöhnlichen Zurückgezogenheit kann ein stärkendes Liebesmahl beim Thurnerhof folgen.

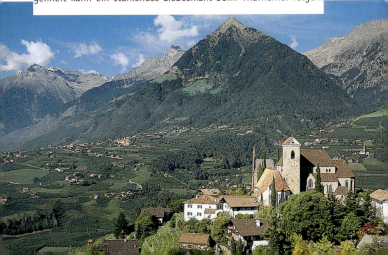

Ein hübscher Spaziergang führt vom Dorfzentrum (580 m; Parkplatz hinter dem Rathaus) den „Waldweg" entlang, durch Apfelanlagen und Wald über den Schnuggenbach und anschließend leicht aufwärts, in 40 Minuten zum Kastanienriesen beim Thurnerhof (634 m).

Sehens- und Wissenswertes

♡ In der üppigen Landschaft von Schenna erwarb Erzherzog Johann von Österreich (1782–1859) Schloss Schenna (um 1350 erbaut), das sonnig und exponiert inmitten von Reben und Obstgärten auf einem Hügel über dem Meraner Talkessel liegt. Der Erzherzog hatte gegen den Widerstand der habsburgischen Kaiserfamilie eine Frau aus dem Volke geheiratet, die Postmeistertochter Anna Plochl und dadurch auf alle dynastischen Ansprüche verzichtet. Johann war in Tirol sehr populär, viele Anekdoten ranken sich um ihn und seine Familie trug (und trägt heute noch) den Adelstitel „Graf von Meran". Das Liebespaar liegt in einem auffälligen, neugotischen Mausoleum aus rotem Sandstein bei Schloss Schenna begraben. In der bestens erhaltenen, äußerst sehenswerten Wohnburg werden Waffen, Möbel und Gemälde zur Geschichte Habsburgs und Tirols gezeigt. Im Innenhof finden Veranstaltungen statt. Nur mit Führung zu besichtigen, Karwoche–Allerheiligen Montag bis Samstag um 10.30, 11.30, 14 und 15 Uhr; Tel. 0473 945630, www.schloss-schenna.com

♡ In der Fraktion St. Georgen, etwas oberhalb von Schenna, befindet sich die romanische Rundkirche St. Georg ♿ aus dem 13. Jh. Sie war einst die Schlosskapelle einer (heute verschwundenen) Burg. Die Kuppel der mit gotischen Fresken geschmückten Kapelle ruht auf einer einzigen zentralen Säule, zu sehen sind Szenen der Georgslegende mit Martyrium, eine Abbildung der 24 bärtigen Ältesten und die hl. Kummernus – mit Damenbart. Die Königstochter wollte Jungfrau bleiben und den ihr vom Vater zugedachten Bräutigam unter keinen Umständen ehelichen. Ihre Gebete wurden erhört, es wuchs ihr ein entstellender Bart, worauf der Freier von ihr abließ, der Vater aber ließ sie kreuzigen … Zu besichtigen Montag bis Samstag 10–12 und 14–17 Uhr; Schlüssel im 20 m entfernten Bauernhof.

Wanderung

❀ Oberhalb der Schule von Schenna und dem Café Ifinger zweigt ein Weg rechts ab und führt, die Ifinger Straße querend, hinauf zur Talstation der Taser-Seilbahn/Pichlerhof. Hier beginnt – rechts abzweigend – der fast ebene Waalweg, der in südlicher Richtung zum Brunjaunhof verläuft, immer mit bester Aussicht aufs Meraner Becken. Weiter geht's oberhalb von St. Georgen vorbei (herrliche Aussicht, Pflicht-Stopp). An der Kreuzung mit dem Gsteirerweg Abstieg nach Schenna. Gehzeit 2 Stunden, 200 Höhenmeter. (vgl. Karten-skizze)

Zwei unter einer Decke

Hotel Restaurant Schlosswirt: Zu Füßen von Schloss Schenna liegt das historische Haus mit Prachtpanorama über den Meraner Talkessel und zum gegenüberliegenden Dorf Tirol. Turteln in der Schlosswirt-Suite oder im Kaiserin-Sissi-Zimmer; Terrasse, Garten, Freibad mit Liegewiese. Tel. 0473 945620, www.schlosswirt.it

Ein Tisch für zwei

Thurnerhof: Einer der schönsten und ältesten Bauernhöfe in Schenna, am Nordrand des Dorfes gelegen. Stilvolle getäfelte Stuben – ideal für Feiern. „Köstlich einfach" ist die Devise der Küche. Montag Ruhetag, Tel. 0473 945702, www.thurnerhof-schenna.com

ℹ Auf einen Blick

🍎 Ausflug (Spaziergang) zu einem Landgasthof nebst kuriosem Naturdenkmal
✉ Thurnerhof, Verdinser Str. 26, Schenna, Tel. 0473 945702, www.thurnerhof-schenna.com
☼ Ein Ausflug für das ganze Jahr!

ℹ Tourismusverein Schenna, Tel. 0473 945669, www.schenna.com
🚗 Von Meran gut beschilderte Straße nach Schenna. Der Thurnerhof samt „Liebesbaum" befindet sich 300 m nach dem Ortszentrum am Nordrand von Schenna; beschilderter Güterweg (200 m).

St. Georgen

2 Ein Blütenmeer

IN DIE GÄRTEN VON SCHLOSS TRAUTTMANSDORFF

Betörend sind sie alle, die Blumen, aber die wahre Botschafterin der Liebe ist die Rose, die in unzähligen Varianten und Farbspielen in den Gärten von Schloss Trauttmansdorff erblüht. Von dunkelroten, langstieligen Rosen sollte der Strauß gebunden sein, den man der/m Liebsten schenkt. Welch schöneren Spaziergang kann es für Verliebte geben als das Lustwandeln durch ein Meer von Blüten und Düften mit beschaulicher Mußezeit auf Bänken in versteckten Lauben.

Ein „Garten für Verliebte" ist in Planung – im 12 ha großen Gelände der Gärten von Schloss Trauttmansdorff. Doch eigentlich ist das gesamte Areal – 2005 zum schönsten Garten Italiens gekürt! – ein Ort für Romantiker. Umrahmt von einer malerischen Bergkulisse, gedeihen in diesem besonders geschützten und sonnenverwöhnten Gelände im Südosten Merans Pflanzen aus aller Welt. Olivenhaine, Palmenwälder, ein Teich voller Lotusblumen und

Seerosen, aber auch Künstler-Pavillons und vielerlei Attraktionen setzen sich charmant in Szene. Ein Irrgarten aus der Renaissance lädt zum Versteckspiel ein (sollen doch Liebende Neigungen zum kindlichen Wesen haben ...). Spektakulär ist der Blick aus der Vogelperspektive über die Gärten und die Stadt Meran, der sich von der Plattform „Gucker" bietet.

Tipp: Besonders stimmungsvoll sind die sommerlichen Gartennächte, an denen hochrangiger Musikgenuss in einmaliger Kulisse am Seerosenteich geboten wird.

Sehens- und Wissenswertes

♡ Im Zentrum der botanischen Gärten steht Schloss Trauttmans-dorff, in dem einst Kaiserin Sissi nächtigte. Hier ist das über-aus unterhaltsame Touriseum untergebracht, ein Museum zur Tourismusgeschichte Tirols. Öffnungszeiten wie die Gärten.

♡ Nördlich des Gartenareals liegt in einer Mulde eine beliebte Hochzeitskirche ♭, dem hl. Valentin geweiht, der heute als Schutzpatron der Liebenden gilt. Doch einst war er, in Anlehnung an seinen Namen, zuständig für die „Fallenden", die Epileptiker und Kranken. Sie sind auf dem Altarbild zu Füßen des Heiligen zu sehen, sich in seltsamen Stellungen windend. Alte Votivbilder danken für die Heilung von der „Hinfalleten Krankheit" und von den „Fraisen", den Fieber-krämpfen.

♡ Schloss Labers (in der Nähe der Gärten) aus dem 11. Jh. wurde 1885 zum Hotel umgebaut und ist seit jener Zeit im Besitz derselben Familie. Das türmchenreiche Schlossidyll mit der Hauskapelle zum hl. Michael ♭ liegt eingebettet in eine wundervolle Landschaft mit Reben und alten Bäumen. Paul Heyse, 1910 erster Literaturnobelpreisträger Deutsch-lands und Kurgast Merans, schrieb: „Jeder Blick aus dem Fenster ist schon wie ein Ausflug ins Paradies." Allerdings liegt ein finsteres Geheimnis über dem Schloss: Die meter-dicken Mauern des Kellers sollen eine Falschgeld-Zentrale Hitlers und danach eine Geldquelle der Nazihelfer-Organisa-tion „Odessa" beherbergt haben.

Wanderungen

✼ Kaiserin Elisabeth, Sissi, die zweimal in Trauttmansdorff die Winterzeit verlebte, verhalf Meran zu seinem Aufstieg als Kurstadt. Der Sissi-Weg verbindet die Gärten mit dem Stadtzentrum. Er führt an den Schlössern Pienzenau, Rubein und Rottenstein, dem Steinernen Steg und dem Kaiserin-Elisabeth-Park vorbei. Die knapp einstündige Strecke – sie lässt sich natürlich auch in umgekehrter Richtung begehen – ist kinderwagentauglich und rollstuhlgerecht angelegt.

✼ Von Schloss Labers geht ein Weg durch Obstgärten und Kastanienwälder zum Einsiedler-Kirchlein im Naiftal, in der Nähe der Talstation der Ifinger Seilbahn. Längs des Weges sind antike Kreuzwegstationen angebracht. Eine Gedenktafel erinnert an das Missgeschick, das dem jungen österreichischen Kronprinzen Rudolf widerfuhr, der sich hier in felsigem Gelände verstieg und von der Kiendlbäuerin aus der misslichen Lage gerettet wurde; Katherina Winkler erhielt zum Dank vom Thronfolger eine Halskette. Geringe Steigung, Hin- und Rückweg 1½ Stunden. (vgl. Kartenskizze)

 Zwei unter einer Decke

Schloss Labers: Äußerst romantisches Schlosshotel in der Nähe der Gärten von Schloss Trauttmansdorff; antik möbliert, Pool, Sauna, Park. Stimmungsvoll Essen auf der Gartenterrasse mit Stadtblick. Tel. 0473 234484, www.labers.it

♥ Ein Tisch für zwei

Café-Restaurant Trautmannsdorf: Trendiges Lokal mit gepflegter Küche, Garten und großer Bar, nördlich außerhalb des Areals von Schloss Trauttmansdorff gelegen. Geöffnet von 19 bis 3 Uhr. Sonntag und Montag Ruhetag. Tel. 0473 232818

ℹ Auf einen Blick

🍎 Besuch des schönsten botanischen Gartens Italiens (2005)
✉ Die Gärten von Schloss Trauttmansdorff, St.-Valentin-Str. 51a, Meran, Tel. 0473 235730, www.trauttmansdorff.it
🕐 1. April–15. November 9 bis 18 Uhr, 15. Mai–15. September 9 bis 21 Uhr

ℹ Kurverwaltung Meran, Tel. 0473 272000, www.meraninfo.it
🚙 Von der Schnellstraße Bozen–Meran (MeBo) Ausfahrt Meran Süd, ab dem Kreisverkehr mit Abzweigung nach Schenna gut beschildert

3 *Liebeskummer und Heilwasser*

INS STILLE ULTENTAL

Das waldreiche Ultental ist ein einsames, ursprüngliches Tal mit uralten Bauernhäusern in eindrucksvoll stimmiger Holzbauweise. Menschen mit dem Sinn für das Einfach-Besondere wandeln hier auf den Spuren berühmter Persönlichkeiten, erfahren von vergeblichem Liebeswerben und wundervollem Kindersegen.

Die malerischen Orte des Ultentals sind fast alle nach Heiligen benannt: Zwischen St. Pankraz und St. Walburg zweigt ein kleines dunkles Seitental ab, das unweit von Mitterbad endet: Anfang des 19. Jh. war Mitterbad eines der meistbesuchten Bäder im deutschen Raum. Um 1870 schrieb Dr. med. v. Pupetschek über das Ultner Heilwasser: „Es wird mit günstigstem Erfolge angewendet in rheumatischen und arthritischen Leiden, gegen Lähmungen aus was immer für einer Ursache, gegen Bleichsucht und andere

St. Helena

Menstruationsstörungen, passive Blutflüsse, Früh- und Fehlgeburten, Sterilität, Nervenschwäche, Erschlaffung der Eingeweide, Stockungen in Milz und Leber." Viele bekannte Persönlichkeiten kamen hierher, darunter Kaiserin Elisabeth von Österreich (ihre Wanderstiefel sind im Ultner Talmuseum in St. Nikolaus zu sehen!), die Brüder Heinrich und Thomas Mann, der Maler Franz von Defregger – und der preußische Kanzler Otto von Bismarck (1815–1898), bis ... ja bis: Bismarck

St. Pankraz

Unterdurachhof

Ludlhof

Talstraße

Falschauer Bach

Sunnseitenweg

Zoggler Stausee

Kuppelwies

St. Nikolaus

0   500   1000 m

Die Reste von Mitterbad

verliebte sich in die hübsche und allseits verehrte Tochter des Badlbesitzers, Josepha. Über mehrere Jahre zog sich die heimliche, durch Briefe belegte Liebesbeziehung. Doch als Bismarck es wagte um die Hand der Tochter anzuhalten, wies der Wirt vom Mitterbad den Antrag ab – weil der Bräutigam ein „Lutherischer" war! Eine Beziehung zwischen Protestant und Katholikin war undenkbar. Kurz darauf wurde Josepha vom Beamten Alois Schmid geehelicht und nach Salzburg geführt. Bismarck heiratete 1847 Johanna von Puttkamer und kam nie mehr nach Ulten.

Von dem berühmten Heilbad ist heute nur mehr wenig übrig: feuchte Mauern, blinde Fenster, bröckelnder Putz, schadhafte Dächer – der raue Charme einer Ruine mit bewegter Geschichte. Von Mitterbad (961 m) aus führt eine Wanderung von einer Dreiviertelstunde hinauf zum einsamen, in Wiesen gebetteten Laugenhof (1311 m). Hier sympathische Einkehrmöglichkeit (kein Ruhetag, Tel. 0473 787086).

Sehens- und Wissenswertes

♡ Eine der besten Aussichten über das Ultental ist von der Hügelkuppe des Helener Bichls (1532 m) hoch über St. Pankraz zu genießen. Das Kirchlein 🛉 auf dem markanten Geländevorsprung ist der hl. Helena geweiht. Auf dem linken barocken Seitenaltar befindet sich eine Statue der Gottesmutter Maria als hochschwangere Frau. Dieses seltene Motiv war lange Zeit ein beliebtes Ziel von Wallfahrern, besonders von Frauen, die hier um Kinder oder eine gute Geburt beteten. Und tatsächlich: Der Wirt des nahen Gasthauses (lohnende Einkehr!) weiß die Geschichte von einem Pärchen zu erzählen, dem nach jahrelanger Kinderlosigkeit nach einem Urlaub in der Waldeinsamkeit des Helener Bichls Kindersegen zuteil wurde.

Wanderung

Der Sunnseitenweg ist ein lohnender Höhenrundweg, mit eigenen Symbolen markiert: Beginnend in Kuppelwies verläuft er hoch am Hang oberhalb St. Walburg talauswärts bis zu den Höfen Ludl und Unterdurchach und etwas tiefer (als Ultner-Talweg gekennzeichnet) wieder taleinwärts und zum Ausgangspunkt zurück. Dabei lässt sich nicht nur die stille Landschaft genießen, sondern auch die einzigartige Architektur der Bauernhöfe mit ihren Schindeldächern, den blumengeschmückten Balkonen und Fenstern und den sonnengebräunten Holzbalkenwänden. Gut beschildert, 3½ Stunden Gehzeit, 360 Höhenmeter. (vgl. Kartenskizze)

Die schwangere
Muttergottes

 ## *Zwei unter einer Decke*

Gasthaus Helener Bichl: Hoch über St. Pankraz auf der Hügelkuppe des Helener Bichls
liegt beim Kirchlein zur hl. Helena das gemütliche Gasthaus – ein beliebtes Ausflugsziel für Wanderer. Wirt Karl Laimer hat acht
putzige Zimmer zu vermieten, mit einfachen
Kiefernholzmöbeln und rotweiß karierten
Vorhängen vor den kleinen Fenstern, die
über die Waldeinsamkeit blicken. Teilweise
Etagenbad. Ein idealer Ort für Romantiker
mit bescheidenen Ansprüchen, die sich nach
Natur pur für ihre Zweisamkeit sehnen. Tel.
0473 787139

Ein Tisch für zwei

Gasthof Eggwirt: Wunderbares altes Dorfgasthaus in St. Walburg
mit bodenständiger, guter Küche und einem Gastgarten unter
Nussbäumen. Hier fühlte sich in den 1930er Jahren schon der eng-
lische Pfeifenkönig Dunhill wohl, wie ein Fotoalbum mit Widmung
belegt. Dienstag Ruhetag, Tel. 0473 795319, www.eggwirt.it

Auf einen Blick

 Besuch des einst berühmten
Ultner Heilbades mit langer,
bewegter Geschichte und einfache
Wanderung zu einem Landgasthof
 ¾ Stunde Gehzeit, 350 Höhenmeter
 Ein Ausflug, der sich von Frühjahr bis Herbst eignet. Im Winter
präsentiert sich die Schwemmalm
in Ulten als kleines, aber lebhaf-
tes Skigebiet.

 Tourismusverein St. Pankraz, Tel.
0473 787171; Tel. 0473 795387
www.ultental-deutschnonsberg.info
 Von Lana ins Ultental. 500 m
nach dem Ortsende von St. Pankraz Abfahrt von der Talstraße und
für 1 km auf schmaler Asphaltstraße den Schildern nach Mitterbad folgen.

Bozner Ansichten.
Punti di vista.

Was hier die Perspektive mit Bozen macht, machen wir mit unseren Kunden. Wir betrachten die Dinge von allen Seiten, bis wir den richtigen Blickwinkel haben.

La nostra città, i nostri clienti. Osserviamo tutto da varie angolazioni per trovare sempre la prospettiva giusta.

Wir sind die Bozner Bank.
Siamo la banca di Bolzano.

rkantilgebäude, Bozen. Fotostrecke von Oskar Da Riz im Auftrag der Raiffeisenkasse Bozen.
Palazzo Mercantile, Bolzano. Fotografia di Oskar Da Riz per la Cassa Rurale di Bolzano.

14 Ein Resort der Liebe

AUFS VIGILJOCH

Zwischen Meran und Lana liegt auf einem bewaldeten Berg-rücken das Vigiljoch. Die einzigartige, autoverkehrsfreie Land-schaft ist sommers wie winters ein Paradies für Naturfreunde. Und sie bietet einen stimmungsvollen Rahmen für zwei Lie-bende. Mag der Aufenthalt im Luxushotel Vigilius Mountain Resort auch nicht für jeden selbst erschwinglich sein, vielleicht haben Sie nette Menschen, die Ihnen zu einem Jubiläum, zur Verlobung oder zur Hochzeit unter die Arme greifen?

Eine der ältesten Seilbahnen der Welt – ihren Betrieb nahm sie 1912 auf, heute verkehrt sie auf modernstem Standard – bringt Sie in wenigen Minuten von Lana in der Talsohle auf den Larchbühel in 1486 m Höhe. Wer mag, kann mit einem gemütlichen Sessellift weiter bis auf 1820 m emporschaukeln. Gleich neben der Seilbahn-bergstation steht das Vigilius Mountain Resort in einer außerge-wöhnlichen und stimmigen Architektur, die sich an die umliegen-den Wälder anlehnt. Tageswanderer können im Restaurant für Passanten einkehren und auf der Terrasse die Aussicht genießen; das Hotel, das sich flachgestreckt mit hölzernen Lamellen elegant an den Hang schmiegt, seine exklusive Ausstattung und sein be-sonderes Flair erschließen sich aber erst bei einem entspannten Aufenthalt von mindestens einer Nacht.

Tags zuvor lohnt eine Wanderung durch die Wälder und Almwiesen am Larchbühel, vorbei an einem Weiher und urgemütlichen Berg-hütten zum Einkehren. Mit Start an der Seilbahnbergstation (1486 m) führt eine angenehme breite Waldstraße (anfangs direkt unter dem Sessellift) über die Almwirtschaft Gampl und das Gasthaus Jocher zum idyllisch gelegenen Hügel-kirchlein zum hl. Vigilius. Die Kirche (1793 m), auf prähistorischem Sied-lungsboden im 13. Jh. erbaut, wurde im 14. Jh. mit wirklich sehenswerten Fresken ausgestattet. Seit Ur-zeiten befand

sich hier wahrscheinlich ein Hügelheiligtum, man entdeckte Spuren mittelsteinzeitlicher Jäger und in der Nähe fließt ein sagenumwobenes „Goldbrünnlein". Während der Hinweg einen schönen Blick auf die Dolomiten bietet, zeigt sich auf dem Rückweg tief im Tal Meran. Zurück geht's Richtung Nordosten leicht abwärts zum Gasthaus Seespitz neben der „Schwarzen Lacke" und von dort entlang Markierung 7 zur Seilbahn. Am Ende des Tages ist der Larchbühel umrundet.

Sehens- und Wissenswertes

♡ Am Vigiljoch befand sich früher die Grenze zwischen dem Bistum Trient und der Diözese des fernen schweizerischen Chur. Der hl. Vigilius ist der Patron von Trient. Und so setzten die Fürstbischöfe Vigiliuskirchlein wie Grenzsteine an ihre Bistumsgrenzen. Unweit der Kirche am Vigiljoch markiert ein mächtiger Grenzstein noch heute die Gemeindegrenzen von Lana, Algund und Tscherms. Den Bewohnern der Umgebung galt das kleine Gotteshaus am Vigiljoch als Wetterkirche, denn Kirchenglocken und Wetterkreuz sollten Unwetter fern halten. Zum Patroziniumsfest am 26. Juni werden noch heute Bittgänge um gute Witterung und Ernte abgehalten.

♡ Nachdem 1912 die Personenseilbahn auf das Vigiljoch errichtet worden war, ließen sich wohlhabende Familien aus dem Burggrafenamt, insbesondere aus Lana und Meran, auf dem Höhenrücken Feriendomizile bauen, um hier ihre Sommerfrische zu verbringen. Aufgrund der breiten Streuung beeinträchtigen sie die Idylle kaum, im Gegenteil sie tragen zur besonderen Atmosphäre der Landschaft bei.

🛏 Zwei unter einer Decke

Vigilius Mountain Resort: Ein Vorzeige-Fünfsternehotel, von Star-architekt Matteo Thun geplant. Natürliche Materialien, warme Far-ben, Ruhe und Harmonie dominieren. 72 m² große Suiten mit spektakulärem Talblick; kein Fernseher, kein Autolärm, keine schnellen An- und Abfahrten; ins Vigilius geht es ausschließlich per Seilbahn. Panta rei – alles fließt, steht am Eingang zum Spa-Bereich: Panorama-Quellwasserpool und Saunas mit Panoramablick auf die Südtiroler Bergwelt. Küche und Keller bieten Erlesenes bei Kerzenlicht, Holzfeuer knistert im Kamin. Im Winter Sessellift und Rodelbahn vor dem Haus. Tel. 0473 556600, www.vigilius.it

❤ Ein Tisch für zwei

Bärenbad-Alm: Urige Berghütte mit Sonnenterrasse und wunder-barer Aussicht, windgeschützt an den sonnigen Hang gelehnt. Ti-roler Spezialitäten und hausgemachte Kuchen! 30 Gehminuten von der Bergstation des Sessellifts entfernt (beschildert). Nur im Som-mer geöffnet, kein Ruhetag, Tel. 340 3411765

ℹ Auf einen Blick

🍎 Einfache Wanderung in auto-freier Landschaft und Aufenthalt in einem Haus der Extraklasse

⏱ 2½ Stunden Gehzeit für die Wanderung rund um den Larchbü-hel, 300 Höhenmeter

☼ Jede Jahreszeit hat ihren Reiz am Vigiljoch. Im Winter fantasti-sche Gegend für leichte Schnee-schuhwanderungen, Rodelpartien und sanfte Schwünge in einem der ältesten und kleinsten Ski-gebiete des Landes. Im Sommer, wenn über dem Tal die Hitze flim-mert, angenehme Temperaturen.

ℹ Die Seilbahn verkehrt halbstünd-lich zwischen 9 und 17 Uhr und auf Bestellung, Tel. 0473 561333

🚗 Die Seilbahn-Talstation mit Parkplätzen befindet sich an der Einfahrt ins Ultental in Lana.

5 Königliche Feste
ZU DEN BURGEN VON TISENS UND PRISSIAN

Das Plateau des Mittelgebirges zwischen Lana und Nals ist reich an Burgen und Schlössern. Allein fünf stehen in Prissian, drei empfehlen sich für besondere Feierlichkeiten: Wohl auf – geben Sie sich die Ehre, laden Sie zu einer stilvollen Feier ins Schloss ein, ob zu einer glanzvollen Hochzeit, einem festlichen Jubiläum oder zum romantischen Dinner zu zweit. In der Fahlburg, in der Wehrburg oder auf Schloss Katzenzungen erhält Ihre Einladung eine exklusive Note!

Malerisch eingebettet in die wellige Mittelgebirgslandschaft mit Obstgärten und Kastanienhainen liegen die Ortschaften Prissian und Tisens erhöht über dem Etschtal. Ritter und Grafen haben die klimatisch begünstigte Gegend schon immer geschätzt. Oberhalb von Nals, auf einem Felsvorsprung, scheint die trutzige Wehrburg mit ihrem mächtigen Bergfried noch heute den Zugang nach Prissian zu schützen. Unweit daneben liegt das würfelförmige Renaissanceschloss Castel Katzenzungen. Und am Dorfrand von Prissian spähen die Türmchen der Fahlburg über die Bäume des Schlossparks. Jeder der drei Prachtbauten kann den Rahmen für eine stilvolle Festlichkeit bilden.

Wehrburg

Darüber hinaus lassen sich auf der kleinen Hochebene Wanderungen zu stimmungsvollen Kraftorten unternehmen: etwa zu den Kirchlein St. Hippolyt 🎵 oder St. Jakob 🎵 in Grissian. Ein ebenfalls lohnender Spaziergang, mit dem Symbol der Erikablüte gekennzeichnet, führt den 5 km langen Erlebnisweg Vorbichl entlang, der in der Senke im Osten des Dorfes Prissian bei der Kläranlage beginnt (bis hierher 15 Minuten). Hinweistafeln erklären die Nutzung der Landschaft; eine Liegewiese bei einem romantischen Waldweiher, eine Aussichtsplattform, Tische und Bänke laden zur beschaulichen Rast ein. Beim Experimentieren an den verschiedenen Stationen lacht das kindliche Herz. In schöner Runde, vorbei am idyllischen St.-Christoph-Kirchlein 🎵, geht es wieder zum Ausgangspunkt zurück. 1½ Stunden Gehzeit, kaum Höhenunterschied.

Tisens

St. Christoph

Naturerlebnisweg

Fahlburg
Prissian
Castel Katzenzungen

Wehrburg

Nals

0   500   1000 m

Sehens- und Wissenswertes

♡ Der kastenartige Bau von Castel Katzenzungen, Prissian etwas vorgelagert, stammt aus dem Jahre 1244. An der Schlossmauer wächst die größte und älteste Rebe Europas. Aus der seltenen Traube „Versoaln" wird ein spezieller weißer Schlosswein gekeltert. Führungen mit anschließender „Versoaln-Verkostung" von Ostern bis Allerheiligen jeden Donnerstag um 16 Uhr. Raum für Großveranstaltungen/Hochzeiten; ein Haubenkoch kann organisiert werden; er sorgt für höchsten kulinarischen Genuss und ein eingespieltes Team für den reibungslosen Ablauf. Tel. 0473 927018, www.castel.katzenzungen.com

 ## Zwei unter einer Decke

Wehrburg: Im Kern stammt das Schloss aus dem 13. Jh., nach wechselvoller Geschichte kam es in den 1950er Jahren in den Besitz der Familie Holzner, die den wehrhaften Bau in ein Hotel umfunktionierte. In der Schlosskapelle zum hl. Erasmus erhält eine religiöse Feier einen würdevollen Rahmen, die romantischen Turm- oder Palaszimmer sind für die Hochzeitsnacht oder Flitterwochen optimal. Restaurantbetrieb nur für Hotelgäste. Tel. 0473 920934, www.wehrburg.com

 ## Ein Tisch für zwei

Fahlburg: Sie wurde um 1600 von den Grafen Brandis gekauft und zum luxuriösen Wohnschloss umgebaut. Das prachtvolle Mobiliar, die Kachelöfen und Deckenfresken (von Stefan Kessler) stammen aus der Zeit der Spätrenaissance. Die Hauskapelle ist für kirchliche Feiern, der Schlossgarten für den Empfang und Aperitif ideal. Das Schlossrestaurant ist von Montag bis Freitag ab 18 Uhr, sonntags bereits ab 12 Uhr geöffnet. Tel. 0473 920930, www.fahlburg.com

 ## Auf einen Blick

🍎 Ausflug in burgenreiche Landschaft und einfache Wanderung auf Naturerlebnisweg

⏳ 1½ Stunden Gehzeit, kaum Höhenmeter

☼ Ein Tipp für das ganze Jahr, am Schönsten jedoch Anfang Mai, wenn die Apfelbäume in Blüte stehen.

ℹ Tourismusverein Tisens/Prissian, Tel. 0473 920822, www.tisensprissian.com

🚗 Von Nals sind es 4 km bergauf nach Prissian; erreichbar auch in einer längeren Anfahrt über Lana.

In die Ferne schweifen

ZUM KNOTTENKINO BEI VÖRAN

Kino ist nicht gleich Kino – zumindest nicht im herkömmlichen Sinn in den Klappsesseln auf dem Roatstoankogel bei Vöran. Im Dunkeln Händchen halten ist nur bedingt angeraten wegen der steilen Felsflanken und des holprigen Abstiegs. Und eigentlich kommt man hierher, um bei klarstem Tageslicht – durchaus Händchen haltend – gemeinsam fern zu sehen.

Zugegeben, am romantischsten ist es in diesem Kino tatsächlich in der Abendstimmung, wenn die Sonne allmählich hinter den Bergen untergeht, die Schatten langsam über die Gipfel ziehen und die ersten Lichter im Tal aufblitzen. Aber Taschenlampe nicht vergessen, denn das Knottenkino auf dem 1465 m hohen Roatstoan (oder Rotenstein) will erwandert werden. Der auffallende Porphyr-buckel schiebt sich zwischen Hafling und Vöran gegen das Etschtal vor, mit senkrecht abfallenden Felsflanken; doch von Osten her kann der bewaldete Rücken problemlos bestiegen werden. Zur Jahrtausendwende hat der Künstler Franz Messner hier unter frei-em Himmel 30 wetterfeste Klappsessel aus Stahl und Kastanien-holz aufgestellt. Das originellste Kino weit und breit zeigt immer das gleiche, aber nie fade Programm: den fantas-tischen Blick über das Etschtal zu den Ultner Bergen bis zum Kö-nig der Südtiroler

Berge, dem Ortler. Auf einer Schautafel sind die Silhouetten der Bergspitzen und deren Namen angebracht.

Mehrere Wege führen auf den Roatstoankogel: Beim Start in Vöran, ausgehend vom Parkplatz hinter dem Gasthof Grüner Baum (1317 m), geht der Schützenbründlweg Nr. 12A leicht ansteigend zum Knottenkino; Gehzeit hin und retour ca. 2½ Stunden. Eine leicht längere Variante führt vom Gasthof Grüner Baum auf Weg Nr. 16 an der Leadner Alm (1514 m, schöne Einkehr!) vorbei. Der kürzeste Weg startet beim Parkplatz oberhalb des Gasthofs Alpenrose (1319 m) an der Straße zwischen Hafling und Vöran. Gehzeit hin und retour gut 1 Stunde. Fernglas einpacken! Und einen Rucksack voller guter Dinge für ein gemeinsames Picknick ...

Wanderung

✳ Von der Fragsburg (Übernachtungstipp) führt ein markierter Wanderweg in 30 Minuten in die Schlucht des Sinichbachs zum Fragsburger Wasserfall, einem der höchsten und eindruckvollsten Südtirols, der besonders im Frühjahr zur Zeit der Schneeschmelze ein imponierendes Schauspiel gibt.

Fragsburger
Wasserfall

 Zwei unter einer Decke

Hotel Castel Fragsburg: In rund 720 m Höhe am Hang zwischen dem Meraner Becken und Hafling und von Meran aus auf guter Straße zu erreichen, liegt Castel Fragsburg. Das Jagdschlösschen wurde vor hundert Jahren zum Hotel umgebaut. Die umwerfende Aussicht, der edle Komfort gepaart mit sympathischem Landhausstil machen die Fragsburg zum einem wunderbaren Refugium zum Träumen und Ausspannen. Mit Spitzenrestaurant! Tel. 0473 244071, www.fragsburg.com

 *Ein Tisch für zwei*

Gasthaus Leadner Alm: Einfaches Berggasthaus, in Lärchenwiesen gebettet, 1 Stunde Fußweg vom Knottenkino entfernt auf 1514 m. In der Hauptsaison kein Ruhetag, sonst montags, Tel. 0473 278136, www.leadner-alm.com

i *Auf einen Blick*

🍎 Einfache Wanderung zu kuriosem Aussichtspunkt
⌛ Je nach Variante insgesamt 1 bis 2½ Stunden, 150 bis 200 Höhenmeter
☼ Ein Besuch des Knottenkinos lohnt ganzjährig; allerdings auf gute Fernsicht achten, die bei klarem Wetter im Herbst garantiert ist.
i Tourismusverein Hafling und Vöran, Tel. 0473 279457, www.hafling.com

🚗 Von Meran nach Hafling, von dort weiter zum Gasthof Alpenrose bzw. bis zum Gasthof Grüner Baum hinter Vöran. Oder von Terlan nach Mölten und von dort weiter Richtung Vöran bzw. Hafling. Seilbahnverbindung von Burgstall im Etschtal nach Vöran (1170 m), von dort 20 Minuten bis zum Ausgangspunkt beim Gasthof Grüner Baum.

⑦ *Auf dem Rücken der Pferde …*

AUSRITT AUF DEM SALTEN AM TSCHÖGGLBERG

Wie sagt das Sprichwort? „Das Glück dieser Erde liegt auf dem Rücken der Pferde". In Südtirol gibt es viele geeignete Plätze, um das Reiterglück zu zweit zu finden. Doch am schönsten ist ein Ausritt vielleicht auf den Lärchenwiesen des Salten.

Reiten bedeutet dem Alltag entwischen, die Natur unmittelbar erleben, Verbundenheit mit dem Partner und Freiheit zugleich spüren. Der Salten mit seinen hellen Lärchen auf weiten Wiesen ist eine einmalige Landschaft, sanft und einladend. Der Geländerücken zieht sich in rund 1400 m auf dem Tschöggl-berg zwischen Etsch- und Sarntal hin. Jenesien, Mölten, Vöran und Hafling, Dörfer von denen aus man den Salten erreicht, sind die traditionsreichsten Haflinger-zuchtgebiete Europas. Seinen Namen hat das stämmige, gutmütige Pferd mit der blonden Mähne vom Dorf Hafling. Die pferdefreundliche Gegend auf dem Tschögglberg wartet

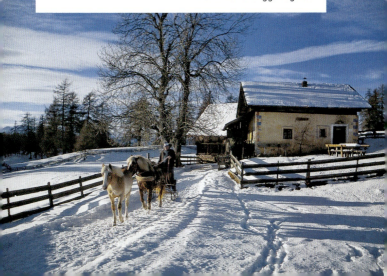

mit mehreren Reiterhöfen, gastlichen Unterkünften und mit allem, was Pferdefreunde sonst noch brauchen, auf. Schnupperwochenenden mit ersten, vorsichtigen Reitstunden, Mehrtagesritte und Trekkingtouren mit den wendigen, ausdauernden und unkomplizierten Haflingern gehören ebenso zum Programm wie der romantische Wochenausflug mit Übernachtung auf der Almhütte im Heu! Wer sich nicht selbst in den Sattel schwingen mag, kann – in eine Decke gehüllt und an den Partner gekuschelt – in einer Pferdekutsche über die Wiesen fahren.

Sehens- und Wissenswertes

♡ Seine Ursprünge hat das Haflingerpferd in der Gegend um Hafling; doch die Geschichte der modernen Haflinger-Pferderasse beginnt im Vinschgau, als 1874 in Schluderns der Ur-Haflinger zur Welt kam – als Fohlen einer Landstute und eines Arabers. In alter Zeit wurde der Haflinger als Tragtier und Arbeitspferd eingesetzt, weil er mit großer Geschicklichkeit in schwierigem Terrain unterwegs ist. Heute ist das Zuchtziel ein Freizeitpferd, fuchsfarbig mit weißblonder Mähne, hervorragendem Charakter, ruhigem Temperament und guten Reiteigenschaften. Mehr Infos: www.haflinger.it/cavallo_haflinger/haflinger_d.html

St. Kathrein

Zwei unter einer Decke

Apart-Hotel Rossboden: Das Haus liegt in schönster Aussichtsposition in Vöran hoch über dem Etschtal. Es befindet sich unweit des Reiterhofs von Hermann Zöggeler beim Bacherhof. Mit Hallenbad und Sauna. Tel. 0473 278030, www.rossboden.it

Ein Tisch für zwei

Lanzenschuster: Gemütliches Berggasthaus auf 1518 m Höhe beim Dörfchen Flaas hinter Jenesien. Seiner fantasievollen Küche fügt Chef Christian auch Wildkräuter zu. Inmitten von Lärchenwiesen, mit Dolomitenblick, Kinderspielplatz, Streichelzoo, Reitmöglichkeiten, Sonnenterrasse und Liegewiese. Montag Ruhetag, Tel. 0471 340012, www.lanzenschuster.com

Reiterhöfe am Tschögglberg:
Landgasthof Zum Hirschen: Jenesien, Schrann 9/C,
    Tel. 0471 354195, www.hirschenwirt.it
Wietererhof: Jenesien, Dorfstraße,
    Tel. 0471 354066, www.wietererhof.com
Pferdehof Bacher: Mölten-Vöran,
    Tel. 0471 354394, www.pferdehof-bacher.com
Reitstall Sulfner, Hafling, St.-Kathrein-Str. 4,
    Tel. 0473 279424, www.sulfner.com
In allen vier Reiterhöfen sind Kutschfahrten möglich!

Auf einen Blick

Reitausflug oder Kutschfahrt in einer der stimmungsvollsten Mittelgebirgslandschaften Südtirols
Jederzeit machbar; das Reiten in verschneiter Landschaft ist ein besonderes Erlebnis!
Tourismusverein Mölten:
Tel. 0471 668282, Tourismusverein Hafling, Tel. 0473 279457, www.hafling.com

Von Bozen 12 km nach Jenesien, von Terlan nach Mölten 14 km, von Meran nach Hafling 12 km. Außerdem Seilbahnverbindung zwischen Bozen und Jenesien, zwischen Vilpian und Mölten sowie zwischen Burgstall und Vöran. Den Salten erreicht man von Jenesien oder Mölten aus auf beschilderter Straße.

8 *Hexenzauber*

ZU DEN STOANERNEN MANDLN IM SARNTAL

Von einer hufeisenförmigen Bergkette umgeben, die es gegen Norden hin abschließt, liegt das Sarntal im Herzen Südtirols. Kurz vor dem Hauptort Sarnthein tritt die Straße aus der engen Sarner Schlucht, und es öffnet sich ein weites Tal. Am östlichen Berghang thront die dunkle Burg Reinegg, verstreute Bauernhöfe zeigen sich in der für das Tal typischen gedrungenen Bauweise, teilweise schindelgedeckt. In einem dieser uralten Höfe, dem Botenhof, können Sie Ihr *Liebesnest im Heu* *aufschlagen!*

Am Sarntaler Westkamm erhebt sich eine 2003 m hohe, frei stehende, sagenumwobene Kuppe: die Hohe Reisch. Unzählige aus Stein geschichtete „Männchen" – die Stoanernen Mandln – trotzen hier Wind und Wetter, und das mindestens schon seit fünfhundert Jahren, wie Gerichtsakten belegen. Die Stoanernen Mandln waren dem Volksmund nach ein Hexentreffpunkt, genauso wie die Sarner Scharte oder der Schlern. In Vollmondnächten kamen die Hexen auf ihren Besen dahergeritten und trafen sich mit dem Teufel, um Wetter zu brauen und Kleinkinder zu verspeisen. Eine der Lieblingshexen des Teufels soll die Pachler-Zottl aus dem Sarntal gewe-

Im Botenhof

sen sein. Auf die mystische Hochebene mit dem Wetterkreuz und den Hunderten von kleinen Steinpyramiden gelangt man von der Sarner Skihütte (1614 m) bei Sarnthein aus. Auf breitem Weg 2 geht es durch Wald mäßig steil hinauf zur Auener Alm (1788 m, Einkehr), weiter auf Weg 2 über freies Almgelände leicht ansteigend zum Auenjoch (1924 m) und auf Steig 4 südwärts zu den Stoanernen Mandln mit umwerfender 360-Grad-Rundumsicht und einer ganz eigenen, magischen Atmosphäre.

Sehens- und Wissenswertes

♡ Die Pachler-Zottl, sie lebte im 16. Jh. im Weiler Windlahn im Sarntal, ist eine der berühmtesten „Hexen" des Landes. 1540 wurde die Bäuerin des Pachlerhofs auf dem Öttenbacher Galgenplatzl, in der Nähe der Stoanernen Mandln, wo sie laut Anklage ihr teuflisches Unwesen getrieben haben soll, hingerichtet. Zuvor hatte sie bei einem Prozess in Sarnthein unter Folter alle Missetaten gestanden. In diesen Gerichtsakten werden die Stoanernen Mandln auf der Hohen Reisch das erste Mal erwähnt.

♡ Im Sarntal wird die Tracht noch mit Natürlichkeit und Selbstbewusstsein von Jung und Alt getragen: beim Kirchgang, zur Hochzeit, zum Ball, beim Dorffest. Deshalb verstehen sich auch noch viele Frauen darauf, die Trachten selbst zu nähen. Eine Eigenheit, die es zu kennen gilt, betrifft die Hutbänder der Männer: Hat ein Mann eine rote Schnur am Hut, ist er noch zu haben; eine grüne bedeutet, er ist vergeben.

Stimpfl - CEO

Übergeben Sie uns Ihr Risiko...
wir kümmern uns darum.

Affidateci i Vostri rischi...
la nostra professione è gestirli.

ASSICONSULT®
GmbH S.r.l.

INTERNATIONAL INSURANCE BROKER
BOZEN · MILANO · INNSBRUCK

ssiconsult GmbH-Srl | Esperantostraße 1 Via Esperanto
0 Bozen-Bolzano | Italien-Italia | Tel. +39 0471 06 99 00
www.assiconsult.com

Zwei unter einer Decke

Botenhof: Urlaub auf dem Bauernhof mit einer Nacht im Heu: Der aufgeschüttelte Heustock wird mit sauberen Heutüchern ausgelegt, sodass Sie himmlisch in einer warmen Mulde versinken! Es gibt im vierhundert Jahre alten Haus zwei Ferienwohnungen für 2 bis 5 Personen. Sarntal, Steet 16, Tel. 0471 623377, www.botenhof.com

Ein Tisch für zwei

Braunwirt: Im historischen Haus am Kirchplatz von Sarnthein entstand in alten Räumen ein neues Lokal, zeitgemäß und gemütlich; leichte, moderne Küche. Sonntagabend und Montag Ruhetag, Tel. 0471 620165, www.braunwirt.it

ℹ Auf einen Blick

 Einfache Wanderung zu einem mystischen Hochplateau

 Ab Sarner Skihütte 1½ Stunden Aufstieg, 400 Höhenmeter; insgesamt 2½ Stunden

 Bei schönem Wetter ganzjährig empfehlenswert; äußerst lohnende, leichte Schneeschuhwanderung!

 Tourismusverein Sarntal, Tel. 0471 623091, www.sarntal.com

 Von Bozen aus 13 km auf tunnelreicher Straße bis Sarnthein. Die Zufahrt aus dem Norden, von Sterzing her, führt kurvenreich über das 2215 m hohe Penser Joch (Wintersperre). Von Sarnthein westwärts beschildert zum Parkplatz beim Auener Hof/Sarner Skihütte.

Die „Stoanernen Mandln"

Ätherisches Bad

INS BAD SCHÖRGAU IM SARNTAL

*Wo sich im Sarntal nach der engen und wildroman-
tischen Schlucht plötzlich heitere Wiesenböden ausbreiten, steht das Komfort-Hotel Bad Schörgau –
ein traditionsreiches Wirts- und Badehaus mit
heilkräftigem Wasser aus der Hausquelle. Heute
setzt man verstärkt auf die Kraft der Latschenkiefer. Gemeinsam durch die wilde Berglandschaft zu streifen, danach in den herrlich alt-
modischen Holzbottichen ein wohltuendes
Bad zu nehmen und sich anschließend mit
feinsten Gerichten aus der Gourmetküche verwöhnen zu lassen, ist ein Erlebnis
für alle Sinne.*

Im Sarntal findet man noch stille
und verträumte Plätzchen! So wie
das Hotel Bad Schörgau, das etwa
3 km vor Sarnthein idyllisch-roman-
tisch am Rand dunkler Fichtenwälder
und nahe am rauschenden Talferbach
liegt. In der Architektur des Hauses
paaren sich Moderne und Tradition, warme
Farben, Holz, kühles Glas und Stahl. Die auch
für Tagesgäste offene Wohlfühl-Abteilung nimmt einen großen
Stellenwert ein, zur Sauna gesellt sich das Latschenkur-Bad. Mehrere Einzelbottiche stehen in getrennten Kojen, ein großer Bade-
zuber, in dem zwei Personen bequem Platz haben, befindet sich in

St. Valentin
beim
Messnerhof

einem separaten Raum. Die Bademeisterin füllt den Holzzuber mit heißem Wasser, taucht einen Leinenbeutel voller gehäckselter Latschenzweige darin ein – und schon füllt sich die Luft mit einem angenehm harzigen Wohlgeruch. Bei gedämpftem Licht von Kerzen genießen die Gäste die wohltuende, hautpflegende, durchblutungsfördernde und desodorierende Wirkung des Bades. Und derart entspannt, geht's danach direkt ins Heubett, in flauschige Decken gehüllt.

Sehens- und Wissenswertes

♡ Die Heilwirkung der Latschenkiefer (Legföhre) war schon den alten Sarnern bestens vertraut. Vor allem die Trehs, ein Kräuterweiblein, braute allerlei Mittelchen aus der Latschenkiefer, um den Leuten zu helfen. Seit einigen Jahren erlebt die Latschenkiefer im Sarntal eine Renaissance: Nicht nur zu ätherischen Ölen wird sie verarbeitet, auch eine Kosmetiklinie gibt es mittlerweile. Die Latschenkiefer wächst wild in einer Höhe von 1600 bis 2400 m und wird unter forstamtlicher Kontrolle gerodet. Aus 250 kg Nadelzweigen kann mit schonender Wasserdampfdestillation ein Kilogramm reines zertifiziertes Bio-Öl gewonnen werden. Infos: Sarner Natur Trehs GmbH (Reinswald 87/Sarntal), Tel. 0471 625521, www.trehs.com; Latschen-Brennerei Eschgfeller (Unterreinswald 17/Sarntal), Tel. 0471 625138

♡ Auf dem Gentersberg, dem Rücken, der das Sarntal vom Durnholzer Tal trennt, liegen in traumhafter Aussichtslage das Bauerngasthaus Messnerhof und das freskengeschmückte Kirchlein zum hl. Valentin ♭. Rührend die Szene, in der ein Engel (mit Lilie) und eine Taube Maria die Empfängnis Jesu verkünden. Das Jesukind sitzt dabei auf einer Wolke. Wer hier steht, fühlt sich dem Himmel und dem Glück gleich ein Stück näher.

Wanderungen

❀ Ein Wanderziel mit unglaublicher Rundsicht ist die frei stehende, 2422 m hohe Radelspitz zwischen dem Durnholzer Tal und dem Sarntal. Start beim Gasthaus Messnerhof am Gentersberg nahe Astfeld. Markierung 17, Aufstieg auf angenehmem Wald- und Wiesensteig. Nach Zweidrittel der Strecke lädt die Genteralm zur Rast ein. 1250 Höhenmeter, Hin- und Rückweg 5 Stunden Gehzeit. (vgl. Kartenskizze)

❀ Im nahen Reinswald befindet sich ein kleines, gemütliches und sonniges Skigebiet; die Gondel bringt auch Schlittenfreunde zum Startpunkt einer 5,2 km langen Rodelbahn. In hellen Vollmondnächten fährt die Bahn bis spätnachts.

♥ Ein Tisch für zwei   Zwei unter einer Decke

Hotel Bad Schörgau: Die Latschenkiefer hat auch in die feine Küche des Bad Schörgau Einzug gehalten. Unter den Köstlichkeiten, die Chef Gregor Wenter auf die Teller zaubert, hat der Latschenpesto, der gerne zu Tortellinis gereicht wird, seinen festen Platz. 22 Doppelzimmer und fünf Suiten warten hier auf Genießer und Ästheten. Montag und Dienstagmittag Ruhetag, Tel. 0471 623048, www.bad-schoergau.com

ℹ Auf einen Blick

🍎 Körper und Seele streichelndes Latschenkiefernbad

✉ Hotel Bad Schörgau, Fam. Wenter, Putzen/Sarntal, Tel. 0471 623048, www.bad-schoergau.com

🕐 Geschlossen im März und April, Montag und Dienstagabend Ruhetag. Anmeldung erwünscht

☼ Nach einer ausgiebigen Wanderung, einem anstrengenden Skitag oder wenn Schmuddelwetter die Stimmung vermiesen will, dann ist der richtige Moment für ein wohltuendes Latschenkiefernbad.

ℹ Tourismusverein Sarntal, Tel. 0471 623091, www.sarntal.com

🚗 Von Bozen aus 13 km auf tunnelreicher Straße bis Bad Schörgau auf der linken Talseite kurz vor Sarnthein. Die Zufahrt aus dem Norden, von Sterzing her, führt kurvenreich über das 2215 m hohe Penser Joch (Wintersperre).

20 Luftige Liegewiese

ZUM JOHANNISKOFEL IN DER SARNER SCHLUCHT

Am Eingang zum Sarntal, wo die Felsen dem Autofahrer ganz nahe rücken und zwischen den Tunnels hier und dort Burgen (-reste) hervorblitzen, ragt in der Mitte der schmalen Talferschlucht wie ein riesiger Zahn der Johanniskofel empor – ein mächtiger Felsbrocken, mit einer Kirche auf grüner Wiese als Kopfschmuck. Ein wildromantischer Steig, der sogar eine Hängebrücke kennt, führt zum Buschenschank Steinmannhof und von dort hinauf zum Kofel mit schwindelerregendem Tiefblick in die Sarner Schlucht.

Nach dem Tunnel 15 auf der Straße von Bozen ins Sarntal bietet sich eine Parkmöglichkeit an (474 m). Nach Durchquerung dieses Tunnels und des Tunnels 14 führt ein gut markierter Steig weg von der schmalen Straße hinunter zur Hängebrücke, die sich in immerhin 33 m über die Talferschlucht spannt. Dann beginnt der steile Aufstieg auf teilweise grob gepflastertem Weg. Nach etwa einer halben Stunde Wanderung durch eine Landschaft mit Schluchten, Buschwald und schroffen Felsen sind die abschüssigen Weinberge des nahen Steinmannhofs erreicht, der sich an den Hang neben den Felswänden des Johanniskofels duckt. Die schönsten Plätze im Bauerngasthaus sind die gemütliche getäfelte Stube und der Balkon, von wo sich ein toller Ausblick über die zerklüftete Sarner Schlucht und die im Süden liegende Landeshauptstadt Bozen auftut.

Vom Gasthof geht ein schmaler, teilweise schwieriger Steig über einen gratartigen Sattel in wenigen Minuten hinauf zum eigentlichen Ziel: dem gotischen Kirchlein auf dem Johanniskofel (658 m); den Schlüssel verwahren die Bauersleute vom Steinmannhof. Hier heroben fand man Spuren aus der Steinzeit, ein Beweis für die frühe Besiedelung dieses fast magischen Ortes. Von einer Burg, vermutlich aus dem 12. Jh., sind noch spärliche Mauerreste sichtbar. Idylle verleiht dem kleinen Ort auch die von vereinzelten Bäumen bestandene Wiese ringsum, auf der sich ein ganzer Nachmittag verkuscheln lässt. Der Abstieg erfolgt über den Aufstiegsweg.

Sarnthein

Talfer

Johanniskof

Steinman

P

Bozen

0   500   1000 m

Sehens- und Wissenswertes

♡ Das Kirchlein ist dem hl. Johannes dem Täufer gewidmet.
Der einfache Altar zeigt in seinem Aufsatz ein kleines Bild:
Es erzählt die Geschichte der Salome, der Stieftochter des
Königs Herodes. Als Belohnung für ihren berühmt-berüchtig-
ten Schleiertanz und auf das Drängen ihrer Mutter hin erwirkt
sie vom Stiefvater den Kopf von Johannes dem Täufer. Der
hatte das unrechtmäßige Liebesverhältnis von Herodes mit
ihrer Mutter, der Frau seines Bruders, kritisiert und sich deshalb bei ihr verhasst gemacht. Während die Gesellschaft
vergnügt tafelt, „serviert" Salome auf einem Tablett den
Kopf des Johannes.

 ## Zwei unter einer Decke

Berghotel Auener Hof: Inmitten der Sarntaler Wiesen und Wälder
liegt auf 1600 m der Auener Hof, für den der Ausdruck „eine Oase
der Ruhe" wirklich zutrifft. Die Küche ist hervorragend, der Keller
lässt keine Wünsche offen, Pferdeliebhaber reiten mit den Haflingern des Hauses oder lassen sie im Winter vor den Schlitten span-
nen. Beschilderte 7,5 km lange Anfahrt von Sarnthein aus. Fam.
Schneider, Tel. 0471 623055, www.auenerhof.it

 Ein Tisch für zwei

Buschenschank Steinmannhof: Die freundliche Familie Winkler kredenzt einen guten Eigenbauwein, passend zur zünftigen Marende. Im Herbst Törggelen mit gebratenen Kastanien, Hauswürsten, Erdäpfeln und anderen Hausmannsköstlichkeiten. Geöffnet von Oktober bis Dezember und von Mitte Januar bis Mitte April. Ritten, Wangen 9, kein Ruhetag, Tel. 0471 602042

Auf einen Blick

 Einfache Wanderung mit beträchtlichem Anstieg. Bis auf die kurze Strecke auf der etwas gefährlichen Sarner Straße sehr lohnend! Um den Johanniskofel zu genießen, sollte man schwindelfrei sein.

 1½ Stunden Gehzeit für den Hin- und Rückweg, 200 Höhenmeter

 Frühjahr, Herbst und schneearme Winter eignen sich für den Ausflug, im Sommer sehr heiß.

 Tourismusverein Sarntal, Tel. 0471 623091, www.sarntal.com

 Von Bozen 5 km Richtung Sarntal. Parken nach dem 15. Tunnel; evtl. 2 Parkplätze zwischen dem 13. und 14. Tunnel. Bei Anfahrt mit dem Bus liegt die Haltestelle zwischen dem 12. und 13. Tunnel. Von der Rittner Seite her führt über Wangen eine schmale und kurvenreiche Asphaltstraße in die Nähe des Steinmannhofs.

Steinmannhof

21 Liebesg'schichten
ZUM SCHLOSS RUNKELSTEIN BEI BOZEN

Schloss Runkelstein am Eingang zum Sarntal ist der Inbegriff des romantischen Ritterschlosses. Die „Bilderburg" birgt den weltweit größten profanen Freskenzyklus über die höfische Idealwelt des Mittelalters. Oft geht es um die Liebe und es wird deutlich: Auch wenn die Moralvorstellungen einst andere waren – die Gefühle blieben dieselben! Die Erkundung der vielen Motive lässt sich mit einem Spaziergang zur Burg durch die Grünanlagen der Stadt oder einer Wanderung hoch über den Dächern von Bozen kombinieren.

Nikolaus und Franz Vintler waren nicht nur tüchtige Handelsleute, sondern auch Männer mit Sinn für Kunst. Vor etwas mehr als 600 Jahren erwarben sie den Herrschaftssitz auf dem stolzen Felssporn über dem Talferfluss, ließen ihn erweitern und mit Malereien schmücken: Jagdszenen, Ritterturniere, Ballspiele und Tänze – Bilder aus einer Ende des 14. Jh. im Untergang begriffenen Ritterwelt. Nach dem Tod der beiden Brüder versank Runkelstein in einen Dornröschenschlaf. Kaiser Maximilian I. nahm zwar um 1500 Um-

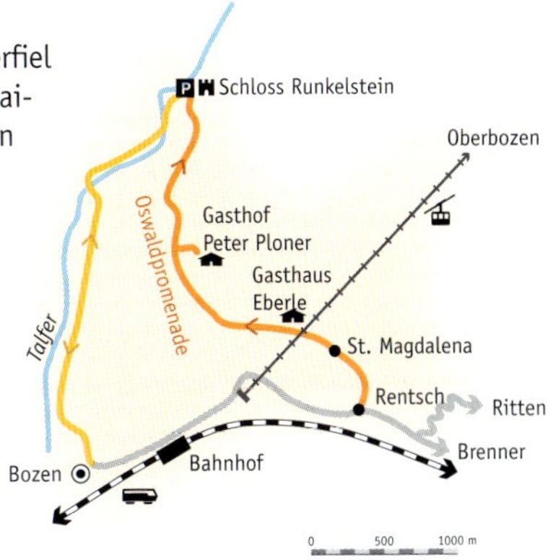

und Ausbauten vor, danach aber verfiel die Burg wieder. 1893 schenkte Kaiser Franz Joseph den Bürgern von Bozen das inzwischen im Geiste der Romantik sanierte Runkelstein. Erst vor einigen Jahren wurden Teile der Fresken freigelegt und die Burg wachgeküsst. Der Weg durch Zimmer und Säle ist wie ein fantastischer Spaziergang durch ein farbenprächtiges Bilderbuch. Die Fresken künden von sagenhaften Ereignissen und höfischem Werben. Aus den gemalten Logen lehnen sich unbekleidete Damen und Herren; an der Ostwand der „Kammer der Ritterspiele" ist ein unschuldiges Liebesspiel, die „Quintaine", zu erkennen. Im Sommerhaus ist die tragische Liebesgeschichte von Tristan und Isolde dargestellt. Berühmt ist die Galerie der Superlative: die drei größten Helden der Antike, die frömmsten Könige, die stärksten Riesen, die mächtigsten Zwerge – und die herrlichsten Liebespaare.

Wanderungen

- Nach Schloss Runkelstein führt ein schöner Rad- und Spazierweg entlang der Talfer, der Grünzone der Stadt. Warum also nicht in der Bahnhofstraße ein Fahrrad ausleihen und die 3 km lange, ebene Strecke unter die Räder nehmen? (vgl. Kartenskizze)
- Über die Verlängerung der Oswald-Promenade kann Runkelstein auch erwandert werden. Ausgangspunkt ist der Ortsteil Rentsch im Osten von Bozen (Bushaltestelle). Von hier auf den Weinhügel St. Magdalena, am Hotel Eberle vorbei, auf der Oswald-Promenade westwärts mit Blick auf die darunterliegende Stadt. An der Wegkreuzung (Porphyrsäule) dem Schild aufwärts zum Gasthof Peter Ploner folgen (549 m, 20 Minuten ab Kreuzung). Von hier geht es entlang Markierung 2 wieder talwärts, bis oberhalb der Weinberge des Weilers St. Peter (367 m) der neu angelegte promenadenartige Weg in Kehren direkt zum Schloss führt. Rückkehr mit Bus oder auf dem Radweg. Gehzeit hin und zurück 3 Stunden, 250 Höhenmeter. (vgl. Kartenskizze)

Sehens- und Wissenswertes

♡ Runkelstein ist nicht nur Austragungsort für Veranstaltungen und Konzerte, wie etwa die Runkelsteiner Klangfeste im Sommer (Infos: Südtiroler Kulturinstitut, Tel. 0471 313800); das Schloss bildete auch den historischen Rahmen in Filmen wie „Il Decameron" von Pier Paolo Pasolini oder „Das blaue Licht" von Leni Riefenstahl. Der Zeichner Hannes Hegen ließ sich bei seinen in den 1950er Jahren in der DDR beliebten Comics von der Burg inspirieren: Der Comic-Held Ritter Runkel, der mit seinen Gefährten Dig, Dag und Digedag mancherlei Abenteuer erlebte, wohnte auf Burg Runkelstein. Die Comics sind bei Kennern beliebte Sammlerobjekte.

 ## Zwei unter einer Decke

Hotel Hanny: Das Haus in moderner Architektur liegt stadtnah inmitten von Weinbergen in St. Peter. Sonnenterrasse, gute Aussicht auf Bozen und die grüne Umgebung, feine Küche. Tel. 0471 973498, www.hotelhanny.it

 ## Ein Tisch für zwei

Burgschänke Runkelstein: Wer nach so viel Kunstgenuss wie Tristan mit seiner Holden tafeln möchte, kann dies gleich in der Schlossschänke tun. Besonders romantisch in lauen Sommernächten, wenn die Lichter der nahen Stadt Bozen in der Dunkelheit funkeln und das leise Rauschen der Talfer zu hören ist. Geöffnet von 10 bis 18 Uhr, Montag Ruhetag, bei Vorbestellung am Abend längere Öffnungszeiten, Tel. 0471 324073

Auf einen Blick

🍎 Besichtigung der Bilderburg Runkelstein mit zahlreichen Abbildungen zum Thema Liebe
🕐 Dienstag–Sonntag 10–18 Uhr, Juli bis September 10–20 Uhr, Tel. 0471 329808
ℹ️ Schloss Runkelstein, Tel. 0471 329808; Verkehrsamt der Stadt Bozen, Tel. 0471 307000, www.bolzano-bozen.it

🚗 Runkelstein thront am nördlichen Stadtrand von Bozen an der Einfahrt ins Sarntal, gut beschildert; Parkplatz. Stadtbus der Linie 12; kostenloser Zubringerdienst ab Waltherplatz. In jedem Fall 10 Minuten Aufstieg auf steilem Pflasterweg.

22 Amorpfeil und Kindersegen

VON DER HASELBURG ZUM KOHLERHOF

*An der Südflanke des Virgl, eines auffallenden bewaldeten Fel-
senhügels am südöstlichen Stadtrand von Bozen, zieht sich eine
neu angelegte Promenade in einem Halbrund den steilen Por-
phyrhang entlang. Sie verbindet die Haselburg (in der Amor, der
Gott der Liebe, zu Werke schreitet!) mit der barocken Grabeskirche auf dem Virgl. Ein idealer Ausflug in unmittelbarer Stadtnähe für sonnige Herbst- und Wintertage.*

Der Spaziergang über die Promenade lässt
sich dank verschiedener mit ihr verbunde-
ner Steige und Wege zu einer lohnenden
Rundwanderung ausbauen: Ausgangspunkt
ist die St.-Gertraud-Kapelle im Stadtteil
Haslach. Schilder weisen den Weg zur 30
Minuten entfernten Haselburg. Im 12. Jh.
erbaut, im 16. Jh. völlig erneuert und mit
Wandgemälden geschmückt, wurde die
Burg nach Jahrzehnten des Vergessens und Verfalls in den vergangenen Jahren zu einem Ausflugslokal und Veranstaltungsort umgebaut. Die idyllische Anlage mit einem kleinem See, einer Naturkegelbahn und einem Kinderspielplatz ist in Reben und Laubwald
gebettet und fällt zum Industriegebiet und der nahen lärmenden
Stadt schroff ab. Im Freskensaal (um 1541) indes tummelt sich auf
dem Fries in der Nordwestecke Cupido, auch Amor genannt. Das
hinterhältige Kerlchen (das im Übrigen durch die Seiten
dieses Buches begleitet) beschießt im Auftrag der Göttin Gaia Apollo mit einem
Goldpfeil, worauf dieser in Liebe
für Daphne entbrennt. Daphne
hingegen bekommt einen
Bleipfeil ab, der sie vor
der Liebe und Apollo flie-
hen lässt. Dass das Treiben
kein gutes Ende nimmt, ist
abzusehen ...
Weg vom schlimmen Spiel
mit der Liebe, weg von der
Haselburg auf dem Steig
mit Markierung 0. Leicht

ansteigend geht's zu einem Forstweg, der nordwärts und dann wieder als holpriger, teils steiler Steig in 45 Minuten zum hübschen Ausflugsgasthaus Kohlerhof führt. Unterhalb des Gasthofs stößt man auf die breite und beinahe eben verlaufende Promenade, die zum Ausgangspunkt bei der Haselburg zurückführt; zuvor lohnt ein Abstecher zur weithin sichtbaren Kalvarienkirche (insbesondere, wenn man gewisse Wünsche hegt ...).

Sehens- und Wissenswertes

♡ Jahrhundertelang pilgerten Menschen von weither zu der in dominierender Lage aufragenden barocken Grabeskirche auf dem Virgl, auch Kalvarienkirche genannt. Ehepaare beteten in der Kirche um Kindersegen. Der stimmungsvolle Ort, die schöne Aussicht, laue Sommernächte und die Wiese vor der Kirche trugen dazu bei, dass der Wunsch der Liebespaare tatsächlich des Öfteren erhört wurde. Nicht umsonst hieß es, nicht der Storch bringe die Kinder, sondern sie seien unter dem Brunnen bei der Kapelle zu finden. Bei der Restaurierung der Kirche blieben die Kritzeleien, mit denen sich die Pilger an den Kirchenwänden verewigten, bewusst erhalten, unter ihnen sind herzförmige und blumengeschmückte, aber auch solche aus der Neuzeit mit Wünschen nach Liebesglück und kirchlichem Segen. Die Kirche ist mittwochnachmittags geöffnet.

♡ In der Nähe der Kalvarienkirche befindet sich die ebenfalls sehenswerte romanische Vigiliuskirche mit wertvollen Fresken zur Vigiliuslegende und der Darstellung der Hochzeit Marias mit Josef. Infos zur Besichtigung: Herr Fichter, Tel. 0471 273061

Zwei unter einer Decke

Park-Hotel Mondschein: Das Hotel ist eines der traditionsreichsten im Herzen der Stadt Bozen und seit Generationen in Familienbesitz. Es wurde umfassend renoviert, verfügt über einen bezaubernden Park, eine exzellente Küche und Garage. Mitglied der Hotelgemeinschaft Charme & Relax. Bozen, Piavestraße 15, Tel. 0471 975642, www.hotel-luna.it

 ## Ein Tisch für zwei

Haselburg: Unter dem Motto „alte Mauern neu erleben" bemühen sich Christine Gruber und Daniel Oberparleiter mit besonderen Gerichten und einem eigenen Schlosswein um die Gäste. Dienstagabends und sonntagmittags warme Küche, Mittwoch bis Samstag mittags und abends warme Küche, Montag Ruhetag, Tel. 0471 402130, www.haselburg.it

Gasthof Kohlerhof: Das einfache, gemütliche Bauerngasthaus am Virgl in Bozen verfügt über eine sonnige, verglaste Holzveranda, zwei Stuben und einen großen Garten mit Kirschbäumen. Im Herbst steht Törggelen (Eigenbauweine) auf dem Programm. Ganzjährig, außer im Januar, geöffnet, durchgehend warme Küche, Mittwoch Ruhetag, Tel. 0471 971432

Auf einen Blick

🍏 Einfache Wanderung in Stadtnähe zu zwei lohnenden Einkehrstätten

⏳ Hin und retour 2–3 Stunden, 250 Höhenmeter

☼ Besonders im Herbst, Frühling und Winter (Wege meist schneefrei) geeignet; nicht angeraten an heißen Sommertagen

🕐 Zur Besichtigung des Freskensaals in der Haselburg wendet man sich an die Wirtsleute.

ℹ Verkehrsamt der Stadt Bozen, Tel. 0471 307000, www.bolzano-bozen.it

🚍 Die städtischen Buslinien 7A, 7B und 14, die auch die Haltestellen am Bahnhof bedienen, fahren im Viertelstundentakt die St.-Gertraud-Kapelle an. Haltestelle St.-Gertraud-Weg 2. Mit dem Auto ab Bozen den Schildern Haslach/Oberau folgen.

23 Nostalgische Fahrt

EIN AUSFLUG MIT DER RITTNER BAHN

Der klimatisch begünstigte, sonnige, von Wiesen und Wäldern überzogene Bergrücken des Ritten ist ein beliebtes Ausflugs- und Wandergebiet. Ein besonderes Erlebnis ist die Fahrt mit der historischen Schmalspurbahn über das einmalig schöne Hochplateau, vorbei an putzigen Haltestellen und altehrwürdigen Villen.

Hinter jeder Kurve eröffnen sich neue Ausblicke: Wälder, in denen besonders im Herbst Lärchen, Birken und wilde Kirschbäume in den herrlichsten Farben leuchten, blühende Wiesen, zauberhafte Häuser im Heimatstil der Bozner Sommerfrischler. Und immer wieder die Aussicht zur großartigen Kulisse der Dolomiten mit der beherrschenden Silhouette des Schlernmassivs. Die kleine Bahn, die die Ortschaften Maria Himmelfahrt, Oberbozen, Wolfsgruben, Lichtenstern und Klobenstein miteinander verbindet, wurde vor einem Jahrhundert eingeweiht. Damals fuhr die elektrische Schmalspurbahn mit Zahnantrieb sogar am Waltherplatz im Zentrum Bozens ab und überwand dabei 1000 Höhenmeter auf ihrer Fahrt nach Oberbozen. Während die Zahnradbahn in den 1960er Jahren durch eine Seilschwebebahn ersetzt wurde, ist das „Rittner Bahnl" auf der Strecke Maria Himmelfahrt–Klobenstein immer noch in Betrieb. Tief romantisch ist die Fahrt mit den alten holzverkleideten Garnituren, die bei gutem Wetter neben den modernen Wagen täglich eingesetzt werden.

Der Rückweg von Klobenstein nach Oberbozen kann zu Fuß auf dem aussichtsreichen, teilweise promenadenartigen Wanderweg Nr. 1 erfolgen, über Wiesen, durch Wald, vorbei an Sommerfrischvillen und empfehlenswerten Gasthäusern. Gehzeit 1½ Stunden, kaum Höhenunterschied, auch als Teilstrecke (etwa ab Lichtenstern) möglich.

Sehens- und Wissenswertes

♡ Sommerferien am Ritten haben Tradition. „Göttlich schön am Ritten …", schrieb Sigmund Freud, der am 14. September 1911 seine Silberhochzeit in Klobenstein feierte. Schon im 16. Jh. wählten sich betuchte Bozner Adels- und Handelsfamilien den Ritten zur Sommerfrische. In Lengmoos und Himmelfahrt bauten sie sich ihre Sommerresidenzen, teils luxuriös und anspruchsvoll. Regelmäßig Ende Juni zogen die Familien mit Sack und Pack auf den Ritten, entflohen so der drückenden Hitze der Stadt. Diese großbürgerlichen Feriendomizile mit ihren parkähnlichen Gärten prägen die beiden Rittner Orte. Die barocke Kirche ♭ und der Schießstand von Himmelfahrt (mit gemalten Schießscheiben) zeugen von standesgemäßem religiösem und sozialem Auftritt der „guten Gesellschaft".

Wanderung

 Eine kurze lohnende Rundwanderung startet an der Bergstation der Seilbahn in Oberbozen (1220 m). Der promenadenartige Weg Nr. 3 führt zum Schießstand und zur Kirche von Maria Himmelfahrt und zuletzt über einen Waldweg nach Merltennen (1076 m), einem Pavillon, an dessen hölzernen Wänden unzählige Pärchen ihren Namen eingeritzt haben. Bänke und eine wunderbare Aussicht – ein Ort für eine Picknick-Rast! Für den Rückweg empfiehlt sich der Weg Nr. 4. An der Strecke liegen ein Haus mit herzgeschmückten Fensterläden und der gemütliche Gasthof Schluff. Gehzeit für die Runde: 1½ Stunden, 150 Höhenmeter. (vgl. Kartenskizze)

Zwei unter einer Decke

Parkhotel Holzner: Zeitgleich mit der Zahnradbahn gleich neben die Haltestelle in Oberbozen gebaut, weist das liebevoll restaurierte Hotel noch die originale Ausstattung auf. Die Devise der Hotelierfamilie Holzner lautet: „Kinder bringen nicht Unruhe ins Haus, sondern Leben" – ihr selbst gehören sechs Kinder an. So ist das Hotel kein Refugium betuchter alter Herrschaften, sondern vorwiegend ein Viersternehaus für junge Familien. Tel. 0471 345231, www.parkhotel-holzner.com

Ein Tisch für zwei

Gasthof Schluff: Abseits vom Verkehr schön gelegenes Landgasthaus in Maria Himmelfahrt. Auf der Sonnenterrasse und in der getäfelten Stube wird neben italienischen Gerichten traditionelle einheimische Kost aufgetischt; gute Kuchen. 7 Zimmer. Donnerstag und Freitagvormittag Ruhetag, Tel. 0471 345139, www.gasthof-schluff.com

Hotel Restaurant Lichtenstern: Liegt gleich oberhalb der Haltestelle Lichtenstern. Schöne Einkehr für eine Kaffeepause mit Kuchen; Sonnenterrasse, Glasveranda. Dienstag Ruhetag, Tel. 0471 345147, www.lichtenstern.it

i *Auf einen Blick*

🍎 Bahnfahrt in einer historischen Garnitur durch reizvolle Landschaft mit vielen Wandermöglichkeiten

☼ Ganzjährig ein lohnenswerter Ausflug, auch im Winter stimmungsvoll

⏳ 16 Minuten dauert die Fahrt von Oberbozen nach Klobenstein.

⏳ Für die Strecke Klobenstein–Oberbozen benötigt man zu Fuß 1½ Stunden, kaum Höhenunterschied.

i Tourismusverein Ritten, Tel. 0471 356100, www.ritten.com

Wenn Sie sicher gehen wollen, dass die historische Garnitur verkehrt, kurz vorher im Tourismusverein nachfragen. Bei Regen und zu Zeiten starken Schülerverkehrs wird sie nicht eingesetzt.

🚗 Mit dem Auto von Bozen über eine kurvenreiche Straße (ca. 15 km) nach Oberbozen am Ritten. Die Fahrt mit der Seilbahn (Station: Rittner Straße, Bozen) zur Bergstation in Oberbozen dauert etwa 12 Minuten. Infos: Tel. 0471 345121

il Piumino dell'AltoAdige

Kuschelweiche Daunenbetten...
Sofficissime idee in piumino...

...zum Verlieben
...per innamorarsi

DaunenStep
Hauptstr. / via Principale, 7 39050 Unterinn- Auna di Sotto
t.0471-35.96.16 Nr. verde 800.016.170
www.daunenstep.it info@daunenstep.it

24 Von Schlössern und Wunderbäumen

ZUM SCHLOSS MOOS-SCHULTHAUS IN EPPAN

Es ist schwer, sich dem Reiz des Überetsch zu entziehen, denn die Natur ist hier das ganze Jahr von faszinierender Schönheit: der Frühling mit der Blütenpracht der Obstgärten, der Sommer mit den verlockenden Badeseen in kühlen Wäldern und den lauen Nächten, die zu sentimentalen Torheiten einladen, der weinselige Herbst, wenn sich die Rebenlandschaft in ein Farbenmeer verwandelt. Herausgeputzte historische Dörfer mit komfortablen Hotelbetrieben und traditionsreichen Gaststätten laden zum Flanieren und Bummeln ein. Mit diesen Zutaten lässt sich leicht ein romantisches Wochenende organisieren, um Liebesbande anzubahnen oder zu kräftigen.

Das Überetsch ist das Land der Burgen und Ansitze, herrschaftlichen Residenzen von Geld- und Blutadel. Was Rang und Namen hatte, zog in den vergangenen Jahrhunderten in diese liebliche Landschaft oder errichtete sich hier einen Zweitwohnsitz. Der Weinbau und -handel sorgten für Wohlstand, der sich in den prächtigen Gebäuden widerspiegelt. Eines dieser stattlichen Häuser (wenn auch von außen nicht das attraktivste) ist Schloss Moos-Schulthaus in Eppan. Einst Wehrturm, später Jagdschloss, war es im Zuge weiterer Umbauten Wohnsitz adeliger Familien, die hier große Feste abhielten, bis das Geld nicht mehr reichte, die Mauern verfielen. 1958 erstand es der Bozner Kaufmann Walther Amonn. Bei der Restaurierung kamen übertünchte Fresken aus der Zeit um 1400 zum Vorschein. Seit 1983 ist das Schloss ein Museum für mittelalterliche Wohnkultur, mit antiker Einrichtung, Zeugnissen der Volkskunst sowie einer intakten mittelalterlichen Küche. Kurios ist die Darstellung des „Katzen- und Mäusekriegs", bei dem die Mäuse die Katzen erfolgreich bekämpfen – ein sehr seltenes Motiv. Neben den lebendig gestalteten Jagdszenen findet ein weiteres Fresko bei Liebenden besondere Aufmerksamkeit: Ein Wunderbaum trägt Phallen als Früchte; Frauen sammeln sie in Körben und tragen sie weg. Der Phallus, der durchwegs realistisch abgebildet ist, ist ein Symbol für Kraft und Fruchtbarkeit. So einfach könnte es sein – gäbe es Wunderbäume wirklich ...

Wanderungen

- Der Burgenweg, der Schloss Korb, Boymont und Hocheppan verbindet, vermittelt einen guten Eindruck von der Burgenwelt und Landschaft des Überetsch. An mehreren markanten Stellen laden Bänke zu Rast und Fernblick ein, so etwa in Kreuzstein oberhalb von St. Pauls. Jausenstationen in Boymont und Hocheppan. Die Burgkapelle von Hocheppan enthält einen bedeutungsvollen Freskenzyklus, in dem u. a. die Hochzeit zu Kana und die törichten Jungfrauen dargestellt sind. Mit Ausgangspunkt bei der Kirche in St. Pauls 3½ Stunden Gehzeit, 400 Höhenmeter, Markierung 8A und 9, teilweise steiler und holpriger Steig. (vgl. Kartenskizze)
- Im Montiggler Wald liegen die beiden bekannten Montiggler Seen: der große, an dessen Felsen an der Nordostseite Liebespärchen gerne ein nächtliches Bad nehmen, und der kleine, abgeschiedenere, über einen Waldsteig erreichbar.
- Auf der Trasse der aufgelassenen Überetscher Bahn, die bis in die 1960er Jahre von Bozen nach Kaltern zuckelte, wurde ein abwechslungsreicher und nicht zu steiler Radweg angelegt. Infos: Tourismusverein Eppan, Tel. 0471 662206

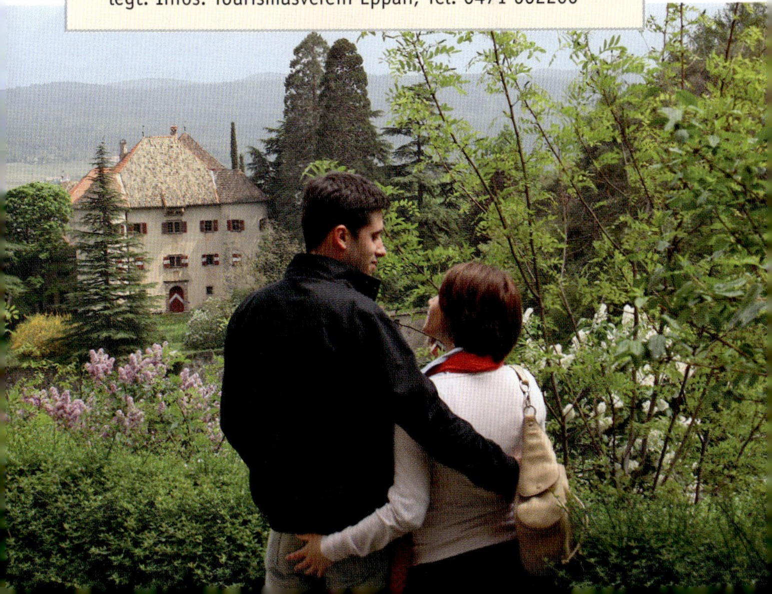

Zwei unter einer Decke

Schloss Englar: Gräfin Edith Khuen-Belasi umsorgt ihre Gäste stilvoll im Wohnschloss auf einem Rebenhügel in wundervoller Aussichtsposition. Die nahe gotische Hauskapelle 🔔 eignet sich für religiöse Feiern. Frühstückspension. Eppan/Pigenò, Tel. 0471 662628, www.schloss-englar.it

Ansitz Tschindlhof: Ein Liebesnest im historischen Ansitz! Reben und Zypressen sorgen für mediterran anmutendes Ambiente. Großer Park, Schwimmbad. St. Michael/Eppan, Tel. 0471 662225, www.tschindlhof.com

 Ein Tisch für zwei

Marklhof: Er ist Weinhof des Klosters Neustift bei Brixen und gleichzeitig wunderbares Restaurant mit stimmungsvollen Räumen, in denen fürsorglich serviert wird. Liegt umgeben von Reben in Girlan, Schönblickweg 14. Sonntagabend und Montag Ruhetag, Tel. 0471 662407

Szene aus dem „Wunderbaum"

i *Auf einen Blick*

🍎 Besichtigung eines Schlossmuseums zur mittelalterlichen Wohnkultur.
✉ Schloss Moos-Schulthaus, Eppan, Schulthauser Weg 4, Tel. 0471 660139
🕐 Schloss Moos-Schulthaus ist nur mit Führung zu besichtigen, von Ostern bis Oktober um 10, 11, 16 und 17 Uhr; Sonntag und Montag geschlossen.

☼ Ein Ausflug, der sich von Frühjahr bis Herbst anbietet.
i Tourismusverein Eppan, Tel. 0471 662206, www.eppan.net
🚗 Ca. 1 km lange, beschilderte Zufahrt über die Mendelstraße am südwestlichen Ortsteil von Eppan

Schlosskapelle
on Englar

25 *Mit einer Prise Mystik*

NACH ST. PETER IN ALTENBURG BEI KALTERN

Die Ruine von St. Peter in Altenburg gehört zu den geheimnisvollsten kulturellen und religiösen Kostbarkeiten Südtirols. Die besondere Stimmung, die auf dem einsamen Felsenbuckel mit der einmaligen Aussicht über den Kalterer See herrscht, zieht den Besucher in ihren Bann. Die ältesten Mauerreste des Sakralbaus stammen aus dem 6. Jh. – aus der Zeit der ersten Christen im Lande. Mehrere Wanderwege führen zu diesem magischen Ort.

Am einfachsten, in nur einer halben Stunde Gehzeit, ist die Ruine (589 m) von Altenburg (614 m) aus erreichbar. Hinter der gotischen, ebenfalls sehenswerten Vigiliuskirche ♭ im Weiler führt der beschilderte Weg durch einen Torbogen zu einer geländergesäumten Wiese mit Ruhebank und außergewöhnlich schönem Aus- und Tiefblick. Auch die Überreste von St. Peter sind auf dem

Blick auf
Kalterer See

Sehens- und Wissenswertes

♡ Das Patrozinium St. Peter verweist auf die frühe Existenz einer Kirche an diesem Ort. In den vergangenen Jahren erfuhren die Reste des dreischiffigen Baus eine sorgfältige Restaurierung. Über der Apsis haben sich Teile der Gewölbeeindeckung erhalten, im Inneren sind spärliche Freskenornamente sichtbar. Südlich neben der Basilika befindet sich eine in den Felsen gemeißelte beckenartige Vertiefung, vermutlich eine Opferstelle oder ein frühchristliches Taufbecken. Ein Stück dahinter sind zehn schalenförmige Vertiefungen im dunklen Porphyr auszumachen, deren Bedeutung noch nicht geklärt ist.

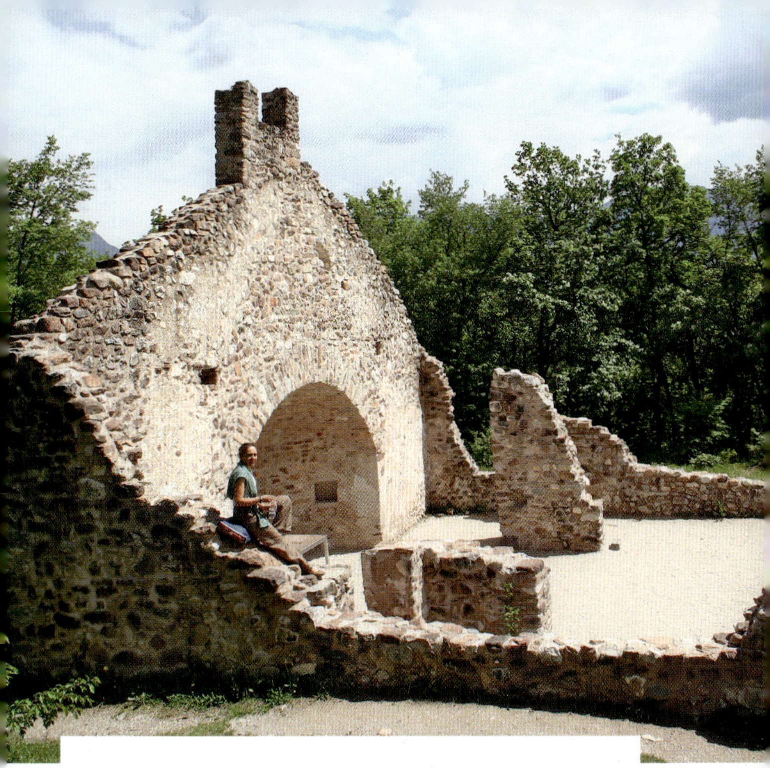

unmittelbar darunter liegenden, bewaldeten, felsigen Sporn bereits zu sehen. Ein uralter, teilweise in den Stein gehauener Steig führt in zehn Minuten hinab. Über eine moderne Hängebrückenkonstruktion wird eine kleine Schlucht überwunden. Der Steig erfordert gutes Schuhwerk; die wenigen ausgesetzten Stellen sind mit Geländern gesichert und somit für Jedermann samt Frau begehbar.

Wanderung

Eine längere, eineinhalbstündige, mit Friedensweg markierte Wanderung führt von der Dorfmitte Kalterns nach St. Peter, wobei sie die wildromantische Rastenbachklamm quert. Sieben Besinnungspunkte laden den Wanderer und Pilger zum Innehalten ein. Die Themenstationen „Maß, Klugheit, Gerechtigkeit, Glaube, Hoffnung und Mut" wurden von verschiedenen Künstlern symbolhaft gestaltet und der Umgebung angepasst. Das siebte Thema, die Liebe, wird von der Kirchenruine selbst und dem gemeinsam gegangenen Weg dargestellt. Inwieweit sich das siebte Thema darüber hinaus umsetzen lässt, sei dem eigenen Sinn nach Romantik überlassen ... 3 Stunden Gehzeit hin und retour, 150 Höhenmeter. (vgl. Kartenskizze)

Zwei unter einer Decke

Zentrum TAU: Die Franziskanerpatres beschlossen in den 1990er Jahren ihr Kloster im historischen Ortskern von Kaltern zu öffnen. Menschen, die ihren religiösen Weg klären oder vertiefen wollen, aber auch all jene, die sich einfach vom Alltag erholen und zurückziehen möchten, finden hier einen idealen Ort und eine „Werkstätte: Zukunftsvision Religion – Spiritualität". 20 Betten in modernen Einzel- und Doppelzimmern, größtenteils mit Dusche und WC. Kaltern, Rottenburger Platz 3, Tel. 0471 964178, www.zentrum-tau.it

Hotel Goldener Stern: Das historische Haus liegt zentral, in den gemütlich eingerichteten Zimmern ergänzen sich Tradition und moderner Komfort. 31 Zimmer, Privatparkplatz. Geöffnet von April bis Oktober. Kaltern, Andreas-Hofer-Straße 28, Tel. 0471 963153, www.goldener-stern.it

Ein Tisch für zwei

Restaurant Pizzeria Altenburger Hof: Der Landgasthof in Altenburg mit einer großen, teils mit Weinreben überzogenen Terrasse wird auch von Einheimischen gern besucht. Montag ab 15 Uhr und Dienstag ganztägig Ruhetag, Tel. 0471 963117, www.altenburger-hof.com

ℹ Auf einen Blick

🍎 Spaziergang zu einer Wiege der Südtiroler Kirchengeschichte

⏳ Von Altenburg nach St. Peter und zurück: 30 Minuten, kaum Höhenunterschied

☀ Ganzjährig geeignet, auch in schneearmen Wintern gut erreichbar, an heißen Sommertagen angenehmer Waldweg

ℹ Tourismusverein Kaltern, Tel. 0471 963169, www.kaltern.com

🚙 Ab Kaltern an der Weinstraße 5 km auf guter, beschilderter Straße nach Altenburg

6 Ins Arkadien von Tirol

NACH CASTELFEDER BEI AUER

Aufgrund seiner ganz eigenen, submediterran anmutenden Landschaft wird Castelfeder auch das Arkadien Tirols genannt. Ein Ausflug auf die Porphyrkuppe bei Auer lohnt vor allem im Frühling, wenn die Natur erwacht und zartes Grün und erste Blüten fröhliche Farbtupfer hervorzaubern. Das als Biotop geschützte Gebiet gewinnt durch lauschige, stille Rastplätze, magische Steinfelder und eine einzigartige Aussicht.

Die markante Felskuppe von Castelfeder schiebt sich zwischen Auer und Neumarkt ins Etschtal vor. Wiesen und Weiden, Buschwald, kleine Weiher und die Reste einer frühen menschlichen Besiedelung prägen die Landschaft. Auf dem höchsten Punkt, dem Rabenkofel, stehen die Reste der romanischen Barbarakapelle.

An den ersten warmen Sonnentagen, wenn das junge Gras wie ein grüner Flaum die Hügel überzieht, der Weißdorn seine stacheligen Zweige mit einem zarten weißen Blütenschleier bedeckt und bunte Blütentupfer von Erika, Leberblümchen und Hundsveilchen den Lenz ankündigen, ist Castelfeder das ideale Ziel für einen idyllischen Ausflug samt erstem Picknick im Freien. In dem weitläufigen Gelände gibt es viele Plätzchen, um die Decke auszubreiten und ungestört in der Sonne zu liegen.

Mehrere einfache Wandersteige führen von der Fleimstaler Straße weg in etwa einer halben Stunde auf den archäologisch bedeutsamen Ruinenhügel (80 Höhenmeter). Vom Etschtal südlich von Auer aus, von der Raststätte am Fahrradweg startend, schlängelt sich der Weg in 1 Stunde über die aufgelassene Fleimstal-Bahntrasse in angenehmer Steigung aufwärts. Bei einer flachen Mulde mit mächtigen Eichen steigt der Weg kräftig an und führt an einem Tümpel vorbei auf die Aussichtskuppe (180 Höhenmeter). Ein weiterer Steig – Gehzeit etwa 40 Minuten – startet in Auer in der Sportzone Schwarzenbach (160 Höhenmeter). Alle Wege sind gut markiert und ausgeschildert. Schautafeln erläutern die Natur- und Kulturlandschaft.

Sehens- und Wissenswertes

♡ Castelfeder hat etwas Magisches an sich. Überall auf dem Hügel finden sich Spuren uralter Besiedelung: römische Mauerreste, ein mächtiger Ringwall, die Ruinen einer Kirche, Fundamente der einst mächtigen Burg Enn. Forscher entdeckten auch über 160 Wohngruben aus vorrömischer Zeit. Schon der Name gibt Rätsel auf und wird verschieden gedeutet. Gesichert ist, dass hier einst zur Römerzeit ein Castrum, also ein befestigtes Lager stand. Der exponierte Ort erlaubt eine weite Sicht nach Norden und Süden, anrückende Feinde

waren rasch zu erkennen. Die wichtige römische Verbindungsstraße nach Norden, die Via Claudia Augusta, führte von Vill bei Neumarkt über den Sattel zwischen Montan und Castelfeder nach Auer, dem römischen Auresis. Jüngste Ausgrabungen belegen Gebäude einer möglichen Straßenstation (mansio Endidae). Am Rande der Felsabstürze zum Etschtal hin stehen Reste der römischen Ringmauer, die Kuchelen. Wenige Meter nördlich davon ragen schräge, glatte Felsen aus dem Boden, von denen einer auffällig glänzend und glatt geschliffen ist. Hier sollen in früherer Zeit Frauen, die Kindersegen wünschten, bäuchlings heruntergerutscht sein. Um dem heidnischen Brauch den Zauber zu nehmen, wurde später ein Kreuz eingemeißelt.

♡ Castelfeder bietet ein tolles Rundpanorama mit Aussicht auf die Hänge von Pinzon, einem Dörfchen mit stattlichen Weinhöfen, die sich um ein anmutiges gotisches Kirchlein **ᛏ** scharen. Es beherbergt den berühmten Schnitzaltar von Meister Klocker. Auf der Rückseite des rechten Altarflügels ist eine Frau mit Krone abgebildet, der ein Teufelchen aus dem Mund fliegt. Das Bild erzählt die Legende der Eudalia (oder Eudoxia), Tochter des Kaisers Theodosius, die von Dämonen besessen war – früher die Erklärung für Epilepsie.

Ein Tisch für zwei  *Zwei unter einer Decke*

Goldener Löwe: Im traditionsreichen Gasthof im Zentrum von Montan mit Tischen im Innenhof und am Dorfplatz lässt sich gut und preiswert essen. In zwölf renovierten Zimmern mit gutem Standard ist Platz für 25 Gäste. Donnerstag Ruhetag, Tel. 0471 819844

Dorfnerhof: Zum Weiler Gschnon bei Montan gehören eine kleine Kirche, ein Sommerkloster der Kapuziner und das Gasthaus Dorfnerhof mit guter Südtiroler und italienischer Küche und Wildspezialitäten. Dienstag Ruhetag. Tel. 0471 819798

Auf einen Blick

 Einfache Wanderung zu einem magischen, historisch bedeutsamen Ort
 Mindestens 1 Stunde Gesamtgehzeit; je nach Ausgangspunkt 80–180 Höhenmeter
 Im Frühjahr und Herbst ist Castelfeder besonders reizvoll, aber auch an sonnigen Wintertagen lohnt sich der – meist schneefreie – Aufstieg.

 Tourismusverein Auer, Tel. 0471 810231, www.castelfeder.info
 Von Auer 1 km Fahrt auf der Fleimstaler Straße zum Parkplatz in der Nähe des Fußballplatzes, ab hier Fußweg. Oder von Vill bei Neumarkt (nahe Autobahnausfahrt) 2 km auf der alten Fleimstaler Straße bis zur Abzweigung der Straße nach Pinzon wenig südlich von Montan.

27 Zaubergarten

ZUM ANSITZ TURMHOF IN ENTIKLAR

Im Unterland, südlich von Kurtatsch, liegt in einer geschützten Hangmulde der liebliche und klimatisch begünstigte Ort Entiklar. Mitten in dieser von der Natur reich gesegneten Landschaft befindet sich der schlossartige Ansitz Turmhof mit einer renommierten Kellerei, der eine stilvolle Jausenstation angeschlossen ist. Im Schlosspark eröffnet sich eine überraschende Szenerie mit Grotten, Kaskaden, Wasserspielen und Hunderten von seltsamen allegorischen Figuren.

Entiklar liegt in Reben gebettet nahe der Weinstraße, die die Dörfer auf der rechten Seite der Etsch verbinden. Die steilen Rebhügel mit vereinzelten dunklen schlanken Zypressen und silbrigen Olivenbäumen und die alten Weinhöfe strahlen ein südliches Flair aus. Spärliche Ruinenreste zeugen von einer Burg auf dem fast hundert Meter höher gelegenen Hügel hinter dem heutigen Ansitz von Entiklar. Am Fuße dieser Erhebung liegt der einzigartige, 8000 m² große Schlosspark. Vor über hundert Jahren hat der damalige Gutsbesitzer, Johann Tiefenthaler, seine Traumwelt wahr werden lassen und die vielen Figuren – Menschen, Tiere und Ungeheuer – aus Zement geschaffen. Wenn Kunst sich nicht von Können, sondern von Künden herleitet, so hat der Schöpfer des Gartens viel zu erzählen: über den Anfang der Welt, unsere Vorfahren, über Liebe, Leben und

Tod. Humor und Schalk sprechen aus den Reliefs und Plastiken. Ein Thema ist selbstverständlich auch der Wein, präsent im betrunkenen Bacchus, in den schlafenden Arbeitern im Weinberg und im Geister sehenden Kellermeister. Am großen Teich plätschert ein Wasserfall, am putzigen Bootshaus mit kleinem Balkon ist ein Ruderboot angebunden und im Wasser dümpeln fette Karpfen. Die Gartenlandschaft steht im Schatten altehrwürdiger Bäume und ist auch an heißen Sommertagen angenehm kühl.

Wanderung

❀ Am oberen Ende des Parkplatzes beim Turmhof steigt am Rande des Weinbergs ein breiter Weg auf. Nach 50 Metern, bei einem Zementtrog, schwenkt er nach Osten, wird langsam flacher und zuletzt eben und umrundet den Hügel hinter Entiklar. Der Spazierweg führt in kurzer Zeit von der Geschäftigkeit und dem Trubel der Jausenstation in eine ruhige und beschauliche Landschaft. Es findet sich eine Bank zum Verweilen, und an der Stelle, wo der Weg um die Ecke biegt und in den Buschwald eintaucht, öffnet sich eine Wiesenböschung: ein hübscher Aussichtsplatz über das fruchtbare Unterland mit der Salurner Klause im Hintergrund. Der Weg führt weiter, geht in ein Tälchen und auf eine Felswand zu, über die –

Ansitz Turmhof

bei entsprechender Wasserführung im Frühjahr – ein beachtlicher Wasserfall stürzt. Für Hin- und Rückweg 45 Minuten. Kaum Höhenunterschied. (vgl. Kartenskizze)

Zwei unter einer Decke

Schwarzadler Turmhotel: Im traditionsreichen, komfortablen und ruhigen Haus mit mediterran bepflanztem Garten sind 24 Zimmer untergebracht; das Hotel steht mitten im Weindorf Kurtatsch, das auf einem Felsbalkon erhöht über dem fruchtbaren Etschtal liegt. Tel. 0471 880600, www.turmhotel.it

 ## Ein Tisch für zwei

Jausenstation Schloss Turmhof: Zu den vorzüglichen Weinen der Kellerei Tiefenbrunner in Entiklar passen die Brettljausen, z. B. auch mit hausgemachter Leberpastete. Keine warme Küche. Sonntag Ruhetag, Tel. 0471 880122, www.tiefenbrunner.com

ℹ Auf einen Blick

🍎 Besuch eines Landgasthofs mit ausgezeichneter Kellerei und eines kuriosen Schlossparks

✉ Castel Turmhof Tiefenbrunner, Schlossweg 4, Entiklar/Kurtatsch, Tel. 0471 880122, www.tiefenbrunner.com

🕐 Von Ostern bis Mitte November geöffnet, Sonntag Ruhetag; der Schlosspark ist nur mit Führung zu besichtigen: jeden Dienstag und Freitag um 10.30 Uhr.

⏳ 2–3 Stunden sind einzuplanen.

🚗 Von der Weinstraße zwischen Kurtatsch und Margreid beschilderte Zufahrt nach Entiklar und zum Turmhof

8 *Wenn zwei Herzen baden gehen ...*

SCHWIMMEN IM FENNBERGER SEE

Vom Talboden im südlichsten Unterland aus gesehen, ist vom romantischen Fleckchen Fennberg nichts zu ahnen. Doch in der Höhe, wo die steilen Felsen aufhören, breitet sich eine bezaubernde, wellige Hochfläche aus. Mit stillen Wäldern, saftigen Wiesen, einem kleinen Badesee, einer Kirche und zwei Wirtshäusern ist alles gegeben, was verliebte Herzen höher schlagen lässt.

Der Fennberg hoch oberhalb von Margreid ist ein idealer Platz für ein paar Kuscheltage fernab von Tourismustrubel und Stadtlärm. Nur an den Wochenenden im Hochsommer kann es auch hier heroben auf rund 1000 m Höhe quirlig werden. Der kleine romantische See, den man auf einem kurzen Steig über sumpfiges Gelände vom Gasthaus Zur Kirche aus erreicht, ist bei Naturbadeliebhabern ein Geheimtipp. Das Wasser ist moorig-trüb, aber auf keinen Fall schmutzig, eben wie es einem von Schilf und noch unberührter Natur umsäumten See entspricht. Die frei und kostenlos zugängliche Badestelle und die schmale Liegewiese befinden sich am Nordwestufer. Genießen Sie die traute Zweisamkeit auf der Wiese, auf dem Brettersteg oder im Schatten des angrenzenden Mischwaldes!

Sehens- und Wissenswertes

♡ Wer das kleine Hochplateau von Fennberg erkundet, stößt unweigerlich auf das historische Anwesen Hofstatt. Hier liegt auf 1000 m Höhe in einer geschützten Mulde eine kleine Rebanlage. Es ist der höchste Weinberg Südtirols und einer der höchsten Europas: Aus den Müller-Thurgau-Trauben wird in der Schlosskellerei Tiefenbrunner in Entiklar ein besonderer weißer Tropfen gekeltert, der den ungewöhnlichen Namen „Feldmarschall" trägt und in der Weinszene hoch gelobt wird. Von eben diesem Ansitz Hofstatt stammte Feldmarschallleutnant Franz Philipp Freiherr Fenner von Fennberg, der Begründer der Kaiserjäger, der Elitetruppe der österreichisch-ungarischen Monarchie.

Wanderung

⚜ Rastlose, die gern den markanten Aussichtsgipfel des Corno di Tres „mitnehmen" möchten, gelangen auf dem steilen Weg Nr. 3 zum Fenner Joch in die Höhe und am Kamm weiter bis zum Gipfel auf 1812 m. Der Weg beginnt in Oberfennberg neben dem verlandeten oberen See (1163 m) und dem schlichten Jagdschlösschen Ulmburg mit dem kleinen Mariahilf-Kirchlein, das gegen Ende des 17. Jh. erbaut wurde. Rückweg über den Sattelsteig und wieder zur Ulmburg zurück. Gehzeit ca. 3–4 Stunden, 650 Höhenmeter. (vgl. Kartenskizze)

Zwei unter einer Decke

Schwarzadler Turmhotel: Das traditionsreiche Hotel mit herrlicher Aussicht liegt „einen Stock tiefer", in Kurtatsch. Palmen und immergrüne Pflanzen am Schwimmbad und auf der Terrasse sorgen für südlich anmutendes Ambiente. Helle, freundliche Zimmer – gerade recht für ein romantisches Wochenende nicht nur für frisch Verliebte. Tel. 0471 880600, www.turmhotel.it

 ## Ein Tisch für zwei

Gasthaus Zur Kirche: Das historische Haus auf dem Fennberg, stilvoll renoviert, wird als einfaches Landgasthaus geführt. Sechs Doppelzimmer und zwei Ferienwohnungen, teilweise mit Dachschräge und Fenstergauben. Montag Ruhetag, Tel. 0471 880244

Auf einen Blick

 Schwimmen in einem unberührten kleinen See auf einer malerischen Hochfläche

 Der Fennberg ist jederzeit reizvoll; auf rund 1000 m Seehöhe ist Baden aber nur an wirklich warmen Sommertagen angenehm.

An Wochenenden im Hochsommer kann es auch am Fennberg laut und quirlig werden, aber spätestens am Abend ist man mit den wenigen Einheimischen, die hier wohnen oder ein Ferienhäuschen besitzen, alleine.

 Tourismusverein Südtiroler Unterland, Tel. 0471 880100, www.suedtiroler-unterland.it

 Von Kurtatsch schlängelt sich eine 13 km lange Straße auf den Fennberg.

29 Menschlich

ZUM SKULPTURENGARTEN IN BUCHHOLZ

Im südlichsten Süden Südtirols, auf der östlichen Seite des Etschtals, wo es sich zur Salurner Klause verengt, liegt lieblich auf einem sonnigen Balkon über dem Talboden das Örtchen Buchholz. In seiner Nähe schlängelt sich unter Bäumen ein Steig dahin, den die Südtiroler Künstlerin Sieglinde Tatz Borgogno mit Skulpturen zu einem Freilichtmuseum gestaltet hat. Eine Einladung, sich mit der Kunst sowie den menschlichen Gefühlen im Wechselspiel der Jahreszeiten zu beschäftigen.

Ab Buchholz weisen Schilder den breiten und asphaltierten 20-minütigen Fußweg zum Skulpturengarten. Ist die gesamte Natur als Garten gemeint, so ist der Ausdruck treffend, denn der Besucher findet keine künstliche Gartenlandschaft vor, sondern ein vom gröbsten Dickicht befreites Fleckchen Wald und grasige Böschungen, durch die sich ein ebenes Weglein windet. Die Skulpturen, die Sieglinde Tatz Borgogno aus Bronze, Marmor und Keramik geschaffen hat, scheinen aus der Erde herauszuwachsen, sie stehen und liegen im Laub und Gras, schmiegen sich an den Hang und laden zum Verweilen und Nachdenken ein. Im Mittelpunkt des Schaffens der Künstlerin steht der Mensch mit seinen Stärken und Schwächen: Mann und Frau als zärtlich Liebende, in Umarmung, als Lebensspender, als Tröstende und Beschützende; es geht um die Liebe zwischen Mutter und Kind, um das Alter und die Jugend, verblü-

hende Schönheit, den Wandel der Zeiten, den Kreislauf der Jahreszeiten und des Lebens. Ein Ausflug an diesen Ort mit seiner traumhaften Aussicht lässt sich mit einer Wanderung auf den Spuren eines anderen Künstlers kombinieren: des großen Albrecht Dürer.

Wanderung

❋ Albrecht Dürer war bei seiner ersten Italienreise 1494 wegen des wieder mal überschwemmten Etschtals gezwungen, einen Umweg über die Berge zu nehmen. Ein Teil dieser Reiseroute ist als „Albrecht-Dürer-Weg" ausgeschildert und ermöglicht einen Rundweg von Laag (213 m) nach Buchholz (560 m) und zurück. Ausgangspunkt sind die Tennisplätze am Südrand von Laag. Hier finden sich das Monogramm Dürers als Symbol des Wegs und die Markierung Nr. 7, denen bergwärts zu folgen ist. Der Weg gewinnt schnell an Höhe, wird später eben und zieht sich am Rand einer schaurig tiefen Schlucht zum Laukusbach hin, den eine uralte, steinerne Bogenbrücke überspannt. Bald ist Buchholz erreicht, von wo die Schilder zum Skulpturengarten weisen. Der Abstieg geht ab dem Skulpturengarten zum nächsten Haus an der Hangkante hinunter, hier endet die Teerstraße und ein breiter Forstweg führt etwas steiler werdend in Kehren durch eine bizarre Landschaft aus Felsen und Buschwald ins Tal zum Ausflugslokal Baita Garba. Von hier verläuft ein Güterweg am Bergfuß nordwärts bis nach Laag zum Ausgangspunkt zurück. Gehzeit: 3 Stunden, 330 Höhenmeter. (vgl. Kartenskizze)

 ## Zwei unter einer Decke

Hotel Teutschhaus: Das ruhige, moderne und stilvoll ausgebaute Hotel am Dorfplatz des Wein- und Obstbauortes Kurtinig verfügt über schöne, lichtdurchflutete Zimmer mit Balkon. Garten, uriger Weinkeller im alten Gebäudeteil. Tel. 0471 817139, www.teutschhaus.it

Gasthof Fichtenhof: Der Landgasthof mit ausgezeichneter Tiroler Küche liegt im verträumten Weiler Gfrill, 12,5 km von Salurn entfernt in 1328 m Höhe. Elf einfache Zimmer, alle mit Dusche und Toilette. Gasthaus im Winter nur sonntags oder nach Vorbestellung offen; Montag Ruhetag, Tel. 0471 889028

Ein Tisch für zwei

Speckstube Perkeo: Der Name trügt, die italienischsprachigen Wirtsleute servieren in dem gemütlichen Lokal mit Garten und schöner Aussicht und getäfeltem Obergeschoss italienische Kost. Liegt direkt an der wenig befahrenen Straße in Buchholz, Montag Ruhetag, Tel. 0471 889069

Baita Garba: Eine Spezialität sind die Forellen aus dem hauseigenen Teich. Aber auch Braten und Grillgerichte stehen auf der umfangreichen Karte des beliebten Ausflugslokals. Mit dem Auto auf einer 1,5 km langen beschilderten Zufahrt zu erreichen, die zwischen Salurn und Laag abzweigt. Dienstag Ruhetag, im Winter geschlossen, Tel. 0471 884492

Auf einen Blick

 Spaziergang zu einer Kunstausstellung in freier Natur

 Ab Buchholz 20 Minuten Gehzeit zum Skulpturengarten, 50 Höhenmeter im Abstieg

 Am schönsten ist es hier im Frühling und Herbst.

 Der Skulpturengarten ist ganzjährig frei zugänglich.

 Tourismusverein Salurn, Tel. 0471 884279, www.suedtirols-sueden.info

 Ab Salurn 5 km auf guter Straße bis Buchholz

ARUNDA

VSQPRD

ARUNDA®

BRUT

Metodo classico
prodotto da:

e 0.75 L   ARUNDA SEKTKELLEREI REITERER MELTINA/BZ

Arunda Sektkellerei/Cantina Spumanti · Metodo classico · Talento
I-39010 Mölten/Meltina · Tel. 0471-668033 · Fax 0471 668229

30 Venus und Mars

ZUR STERNWARTE IN GUMMER

Auf einer einsamen Bergkuppe über dem Dörfchen Gummer, zwischen dem Eggen- und Tierser Tal, fernab von störenden Lichterquellen, stehen Südtirols einzige öffentliche Sternwarte und ein Sonnenobservatorium. In Anbetracht der Unendlichkeit des Universums findet man leicht zum Wesentlichen zurück: zu lieben und geliebt zu werden.

Manches am Himmel ist noch mit bloßem Auge zu sehen, anderes nur mit einem Fernglas oder dem Teleskop zu entdecken. Bei der Führung durch die Sternwarte zeigt Ihnen ein Hobbyastronom, was es alles zu beobachten gibt – von den leicht erkennbaren Planeten bis hin zu weit entfernten Galaxien. Warum ist die Venus so hell, Uranus aber kaum zu sehen? Warum drehen sich die Sternbilder? Sterne sind lebendig, sie entstehen aus Gasen und Energie, wachsen, blähen sich auf, leuchten in den verschiedensten Farben, schrumpfen, explodieren, viele leben unvorstellbar lange, andere wiederum nur wenige Millionen Jahre, es gibt Zwerge – so wie unsere Sonne – und Giganten.

Neben der großen weißen Kuppel der Sternwarte steht die etwas kleinere des Sonnenobservatoriums. Somit kann man nachts die Sterne, den Mond und die Planeten

beobachten und tagsüber – ungefährlich, da durch einen speziellen Filter – die brodelnde Sonne und deren energiegeladenen, gigantischen Gasausbrüche („Protuberanzen").

Sehens- und Wissenswertes

♡ Der Bau der Sternwarte Gummer wurde vom Verein der Amateurastronomen „Max Valier" initiiert. Max Valier (geboren 1895 in Bozen) ist Fachleuten vor allem als Raketenforscher bekannt. Doch seit seiner Jugend hatte er sich mit Astronomie befasst. Erst darüber erwachte sein Interesse an der allmählich beginnenden Luft- und Raumfahrt. 1930 verunglückte er in Berlin tödlich während einer Testfahrt mit einem Raketenschlitten mit neuartigen Brennstoffen. Max Valier gilt als erstes Opfer der Raumfahrt.

Wanderung

✳ Über das bucklige Wald- und Wiesengebiet rund um die Sternwarte in Obergummer wurde ein „Planetenweg" angelegt, der die Größenverhältnisse und die Entfernungen der Planeten zur Sonne und untereinander direkt erfahrbar bzw. erwanderbar macht. An jeder Planetenstation wird mit Bildern und Zahlen Interessantes über den jeweiligen Planeten erzählt. Der Weg beginnt bei der Sonne, direkt an der Sternwarte. Ganz nahe dran sind die inneren Planeten Merkur und Venus. Die Venus – in der Mythologie die Göttin der Liebe und der Schönheit – ist nach Sonne und Mond der hellste Himmelskörper; ihr strahlendes Licht ist als Abend- oder Morgenstern bekannt (obwohl Venus kein Stern, sondern eben ein Planet ist ...). Bis zum äußersten Planeten, Pluto, sind 8 km zurückzulegen. Insgesamt ca. 2½ Stunden Gehzeit, 350 Höhenmeter.

Zwei unter einer Decke

Garni Waldpeter: Kleine, blitzsaubere Frühstückspension in freier Lage am Waldrand in Obergummer mit grandioser Aussicht zu den Dolomitenzacken des Latemar. Tel. 0471 610159, www.rolbox.it/waldpeter

Steinegger Hof: Kurt Resch, der Hotelier, ist begeisterter Mountainbiker, er kennt jeden Steig und Weg in der näheren und weiteren Umgebung. Auch wenn Sie nicht radeln, sondern lieber wandern wollen, ist er mit guten Tipps zur Stelle. Steinegg, Tel. 0471 376573, www.steineggerhof.com

Ein Tisch für zwei

Gasthaus Untereggerhof: Direkt neben der Sternwarte in schönster Aussichtsposition auf 1325 m gelegen, bietet sich das Gasthaus mit Landwirtschaft als Ausgangspunkt für die Wanderung über den Planetenweg sowie für eine Einkehr bei zünftiger Tiroler Kost an. Mittwoch Ruhetag, Tel. 0471 376471, www.untereggerhof.it

Auf einen Blick

🍎 Sterne und Sonne gucken mithilfe modernster Hightechgeräte

☼ Der Besuch der Sternwarte ist ganzjährig möglich, aber nur bei gutem Wetter und mit Führung.

🕐 Sternwarte: Führungen für Individualbesucher und Kleingruppen jeden Donnerstag, vorausgesetzt die Sichtverhältnisse sind gut. Beginn der Führung bei Einbruch der Dunkelheit, jedoch nicht vor 19.30 Uhr. Sonnenobservatorium: Führungen jeden Donnerstag um 11 Uhr mit Wanderung über den Planetenweg. In beiden Fällen Anmeldung erwünscht, und zwar am vorhergehenden Mittwoch von 20 Uhr bis 22 Uhr unter Tel. 338 9483398 oder beim Tourismusverein Steinegg, Tel. 0471 376574

⧗ Dauer der Führung: ca. 1½ Stunden

ℹ Tourismusverein Steinegg, Tel. 0471 376574, www.steinegg.com, www.sternwarte.it

🚗 Von Bozen ins Eggental, kurz vor Birchabruck Abzweigung nach Gummer, hier den Schildern „Sternwarte Obergummer" folgen. Zufahrt auch über Blumau/Steinegg möglich.

Irrgarten
DURCH DAS LATEMAR-LABYRINTH

Der Karerpass trennt das Rosengartenmassiv vom Latemar. Am Fuße dieses wild zerklüfteten, wie mit Sägezähnen bestückten Felskammes liegt in prachtvollen Wald gebettet der Karersee. Der Sage nach verdankt er sein Farbenspiel der enttäuschten Liebe eines Hexenmeisters. Von hier führt ein Weg zu idyllischen Plätzen inmitten einer märchenhaft anmutenden Landschaft, der Labyrinthsteig geht weiter durch bizarres, mit Felsblöcken übersätes Gelände.

Schon Agatha Christie und Karl May, illustre Gäste im nahen Grandhotel Karersee, ließen sich von der außergewöhnlichen Felskulisse zu Abenteuer- und Kriminalromanen inspirieren. Karl May, der mehrmals am Karerpass weilte, beschrieb die Landschaft im Roman „In den Schluchten des Balkan". Agatha Christie war in der Zwischenkriegszeit hier zu Besuch, der Kriminalfall ihres Romans „The Big Four" fand seine Lösung ausgerechnet im Latemar-Labyrinth. Auch Carl Zuckmayer verlegte Szenen seines Romans „Salware oder Die Magdalena von Bozen" in diese Gegend.

Die Wanderung zum Labyrinth beginnt am unteren Ende des Karersees (1520 m). Hier führt eine Forststraße – mit der Markierung 11 und einem runden Holzschild als Sagenweg gekennzeichnet – in Richtung Mitterleger in den Wald. Zwischen den Bäumen blitzt der

Karersee

sagenhafte See durch, bald verläuft der breite Weg in leichter Steigung durch dichten, hohen und dunklen Fichtenwald. Nach einer knappen Stunde Gehzeit führt er langsam aus dem Wald heraus und zum Mitterleger (1839 m), einer kleinen Wiesenlichtung mit einer Holzhütte bei einem mächtigen Felsblock (reizvoller Picknickplatz). Kurz zuvor steht am Weg eine Tafel, die die Sage über den Hexenmeister und den Karersee erzählt. Vom Mitterleger zieht sich nun am Fuße der Felswände ostwärts ein Steig leicht auf und ab, die Markierung 20 führt direkt ins Labyrinth. So nennt sich der folgende Wegabschnitt, der das Trümmerfeld eines mächtigen Felssturzes quert. Obwohl der Steig gut markiert und mit Treppchen und Stützmäuerchen angelegt ist, wird ganze Aufmerksamkeit gefordert, um sich nicht zu verlaufen. Das Szenario wechselt schnell, die Ausblicke sind grandios, es macht Spaß, sich durch die schmalen Spalten der zyklopischen Felsen zu zwängen. Wo der

Sehens- und Wissenswertes

♥ Viele Bergseen reflektieren ein schimmerndes Blau oder Grün, im Karersee aber spiegelt sich eine ganze Palette von Farben. Diese sonderbare Eigenschaft kam angeblich schon vor undenklicher Zeit durch einen Zauber zustande: Damals hatte sich der Hexenmeister von Masaré aus dem benachbarten Fassatal in die Nixe Ondina, die im Karersee lebte, verliebt und schon mehrmals versucht sie zu entführen. Die Hexe Langwerda, die ganz hinten im Tierser Tal unter dem Rosengarten wohnte, riet ihm zu einer List: Er solle einen Regenbogen über dem Karersee erscheinen lassen, der Ondina an Land locken würde. Als jedoch die Nixe neugierig ans Ufer stieg, erkannte sie den Hexenmeister, flüchtete zurück ins Wasser und ward nie mehr gesehen. In seiner Wut über den Misserfolg zerbrach der Hexenmeister den Regenbogen in tausend Stücke und warf ihn in den See. Seit jenem Tag schimmert das Wasser in den herrlichsten Farben des Regenbogens. In Anlehnung an diese Sage wurde am See die Statue der Nixe Ondina aufgestellt.

Felssturz am Waldrand endet, liegt in einer Mulde die Geplänkwiese (ebenso verlockender Picknickort). Der Steig Nr. 18 geht jetzt abwärts zum Mittersee, einem Waldsee, der im Frühsommer oft schon ausgetrocknet ist; auf Nr. 11 zum Ausgangspunkt zurück.

Zwei unter einer Decke

Berghaus Rosengarten: Die von überaus herzlichen und lustigen Wirtsleuten geführte Pension liegt mitten in Welschnofen nahe der Kirche, herrlicher Dolomitenblick, schöne Zimmer (teilweise mit Himmelbett). Tel. 0471 613123, www.berghaus-rosengarten.com

Ein Tisch für zwei

Bar-Restaurant-Pizzeria Rosengarten: Gemütliches Haus etwas abseits der Straße am Karerpass. Holzgetäfelte Stube, große Sonnenterrasse, Kachelofen für kühle Tage. Pizza und Bruschetta, kleine Imbisse; warme italienische und Tiroler Gerichte bis 15 Uhr. Kein Ruhetag, Tel. 0471 612133

Auf einen Blick

◉ Leichte Wanderung in bizarrer Wald-, Wiesen- und Felslandschaft

⧗ Insgesamt 3½ Stunden Gehzeit, 350 Höhenmeter

✷ Von Frühsommer bis Frühherbst angenehme Wanderung

ℹ Tourismusverband Rosengarten-Latemar, Tel. 0471 613126, www.rosengarten-latemar.com

🚗 Mit dem Auto auf der Straße ins Eggental bis zum Karersee, dort großer Parkplatz

32 Ins Reich von König Laurin

WANDERN UNTERM ROSENGARTEN

Eine unglückliche Liebe ist der Ursprung des in der Dämmerung rot leuchtenden Rosengartens – so erzählt die Sage über König Laurin und die geraubte Prinzessin Similde. Doch eigentlich geht beim Anblick der mächtigen Felszacken, die sich über dem Wald im Talschluss von Tiers erheben, das Herz auf! Diese Wanderung führt zur Plafötsch-Alm und weiter zur Hanicker Schwaige zu Füßen der verzauberten Felswände.

Auf einer Wiesenkuppe, auf 1570 m, geschützt durch einen Waldrücken, liegt einsam die Plafötsch-Alm (in vielen Karten auch als Plafetsch bezeichnet): ein einfaches Berggasthaus, wie geschaffen als Stützpunkt für Wanderungen, Klettertouren oder einfach nur zum Träumen und Ausspannen. Die Alm ist von der Nigerpassstraße her auf breitem, bequemem Weg mühelos in einer halben Stunde zu erreichen. Auf dem kleinen Platz mit den Birken vor dem Haus sind Holztische aufgestellt; es gibt einfache Gerichte, selbst gemachte Säfte und Mehlspeisen. Doch der eigentliche Grund, dieses schöne Fleckchen Erde zu besuchen, ist der einzigartige Blick zur Rosengartengruppe – mit Vajolettürmen, König-Laurin-Wand und Rosengartenspitze – und natürlich die Aussicht, auf den Bergwiesen rundum, im nahen Wald oder am Bächlein in der Nähe seine Decke auszubreiten – für ein Picknick oder zum Baumelnlassen zweier Seelen.

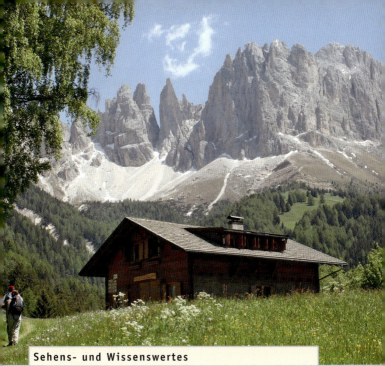

Sehens- und Wissenswertes

♡ Um den Rosengarten, diesen einmaligen Berg mit dem romantischen Namen, ranken sich mehrere Sagen. Die schönste erzählt von Laurin, dem unglücklichen Zwergenkönig. Ihre Ursprünge hat sie im mittelhochdeutschen Heldenepos „Laurin", das von Dietrich von Bern und seinen Recken berichtet und von deren Kampf mit König Laurin, der im Felsenreich der bleichen Berge lebte. Es geht um verschmähte Liebe, sagenhafte Schätze, Kämpfe zwischen ungleichen Gegnern und um Laurins Garten mit den herrlichen roten Rosen: Als Laurin vergeblich um die Hand von Prinzessin Similde freit, entführt er sie in sein steinernes Reich. Dietrich von Bern will sie befreien, es kommt zu einem schrecklichen Kampf. Der Zwergenkönig verfügt dank eines Zaubergürtels über wundersame Kräfte, eine Tarnkappe macht ihn unsichtbar. Doch Dietrich von Bern erkennt an den Bewegungen der Rosenbüsche, wo er sich aufhält, er entreißt ihm Zaubergürtel und Tarnkappe, befreit Prinzessin Similde und führt nach einem zweiten Kampf den gefangenen Zwergenkönig nach Bern – das heutige Verona –, die Residenzstadt der Langobarden. Rasend vor Zorn verflucht Laurin seinen Rosengarten, der ihn verraten hat, er versteinert ihn und weder bei Tag noch bei Nacht sollte ihn je ein Menschenauge blühen sehen. Auf die Dämmerung aber vergaß Laurin, und so kommt es, dass sich die Felswände des Rosengartens beim Sonnenaufgang und Sonnenuntergang rot färben.

Wanderung

✳ Von Plafötsch aus führt ein Steig (Mark. 7) zu den Angelwiesen (1865 m), die über die Baumgrenze ansteigen. Am oberen Ende der Wiesen, von den letzten windzerzausten Zirbelkiefern verdeckt, steht ein kleines Holzhäuschen, die Berglerhütte (2022 m), einst und jetzt Stützpunkt einer Bergsteigergruppe, eben der „Bergler", die von hier aus die Führen im Rosengartenmassiv in Angriff nehmen. Der Blick schweift von Bozen, das tief im Talkessel im Dunst liegt, bis zu den vergletscherten Bergen im Westen, im Osten ragen zum Greifen nah die himmelhohe Laurinswand und die filigranen Vajolettürme empor. Von der Berglerhütte geht der Weg in einer Viertelstunde zur bereits sichtbaren, bewirtschafteten Hanicker Schwaige (1873 m) – einem beliebten Ausflugsziel – steil hinab. Nach einer weiteren Dreiviertelstunde gelangt man zurück nach Plafötsch. 3 Stunden Gehzeit, 450 Höhenmeter. (vgl. Kartenskizze)

 Zwei unter einer Decke

Berggasthof Plafötsch: Fünf Doppelzimmer und ein Mehrbettzimmer, einfach eingerichtet, Etagendusche, WC separat. Nur zu Fuß erreichbar, außer für Hausgäste, denen der Wirt Personen- und Gepäcktransport anbietet. Tel. 347 4627329

Cyprianerhof: Das Wanderhotel mit 4-Sterne-Komfort befindet sich an der Straße von Tiers zum Nigerpass. Vom Haus aus starten die schönsten Wandertouren ins Rosengartengebiet; der Aufstieg nach Plafötsch kann hier begonnen werden. St. Zyprian/Tiers, Tel. 0471 642143, www.cyprianerhof.com

♥ Ein Tisch für zwei

Berggasthof Plafötsch: Einfache, herzhafte Hausmannskost, Kuchen und Säfte. Geöffnet im Sommer, kein Ruhetag, Tel. 347 4627329

Hanicker Schwaige: Urige Alm, abseits vom Verkehr. Viele Holztische im Freien. Gute Kuchen. Keine Übernachtungsmöglichkeit. Geöffnet von Ende Juni bis Mitte Oktober, kein Ruhetag, Tel. 338 5671400

ℹ Auf einen Blick

🍎 Kurze Wanderung zu einem bezaubernden Platz mit Einkehrmöglichkeit in unmittelbarer Nähe des Rosengartens

⌛ Bis Plafötsch ½ Stunde, 270 Höhenmeter

☀ Im Winter sind sowohl Plafötsch als auch die Hanicker Schwaige geschlossen, nicht so der Cyprianerhof, von wo aus geführte Schneeschuhwanderungen in die Dolomiten angeboten werden.

ℹ Tourismusverein Tiers, Tel. 0471 642127, www.tiers-rosengarten.com

🚗 Mit dem Auto von Bozen etwa 15 km bis Tiers und weiter auf der Nigerpassstraße bis zur beschilderten Abzweigung des Wanderwegs nach Plafötsch bei 1300 Hm. Die tiefer gelegenen beschilderten Abzweigungen mit längerem und steilerem Zugangsweg nicht beachten!

33 Zwischen Blumen und Gras

INS HEUBAD IN VÖLS

Von einem sonnigen Hochplateau zu Füßen des markanten Schlernmassivs schaut der Ferienort Völs über das Eisacktal. Im Ortsteil Obervöls pflegt die Familie Kompatscher in ihrem Hotel die über hundertjährige Tradition der Heubäder.

Kamen früher betuchte Gäste zum Heubad nach Völs, um Linderung bei Gliederschmerzen zu finden, hat sich die Klientel in jüngster Zeit geändert. Jetzt werden Gäste aller Altersklassen und sozialer Schichten ins Heu gebettet, um ihnen auf natürliche Weise Entspannung und Wohlbefinden zu schenken. Zur reizvollen Umgebung – Wiesen, Wälder, würzige Bergluft und die spektakuläre Kulisse der Dolomitenfelsen des angrenzenden Naturparks Schlern – gesellt sich das gepflegte und ganz an die Natur angepasste Angebot des Hotels Heubad, in dem auch Tagesgäste willkommen sind. Der Geruch von Rosen, Lavendel und Rosmarin entströmt dem sorgsam gehegten Garten und stimmt auf das kräftig duftende Heubad in der nahen Dependance ein. Dabei wird das nasse und warme Heu auf das Tuch über der mit einem Wasserkissen ausgelegten Wanne gebreitet, der Badende legt sich darauf, wird mit Heu bedeckt, in Tücher eingeschlagen und in die Wanne abgesenkt. In den folgenden zwanzig Minuten tritt eine angenehme Erwärmung und Hautreizung auf, das anschließende Nachschwitzen in warmen Tüchern und Decken schenkt Wohlbefinden

und Ruhe. An Körper und Seele gestärkt, kann der Abend bei einem romantischen Abendessen im Restaurant ausklingen. Der Gast hat die Wahl, in einer der zwei antiken, getäfelten Stuben oder im eleganten Speisesaal der verfeinerten Südtiroler Küche und edlen Weinen zuzusprechen.

Sehens- und Wissenswertes

♡ Schon immer wussten die Bauern, die während der Ernte auf den Almen im Heu schliefen, von der wohltuenden und schmerzlindernden Wirkung solcher Lager. Das sprach sich herum und mit dem Einsetzen des Tourismus Ende des 19. Jh. waren die Heubäder bald auch bei Kurgästen gefragt. In Jochgrimm bei Radein oder in Völs fanden sie sich in den Gastwirtschaften ein, in denen es eigene Badestuben bzw. Heulager gab. 1903 erhielt die Familie Kompatscher von der Statthalterei Innsbruck die Genehmigung für ein Heubad. In jener Zeit besuchten jährlich über 1200 Kurgäste das Völser Heubad! Das Heu wurde auf den 2450 m hoch gelegenen Schlernwiesen geerntet und mühselig zu Tal gebracht. Heute kommt es von ungedüngten Wiesen auf der Seiser Alm. Wenn Gras und Kräuter in bester Blüte stehen, werden diese gemäht, getrocknet, nach Völs gebracht und schonend eingelagert. Eine Stunde vor der Behandlung wird das Almheu befeuchtet, die aufgeweichten Kräuter können so besser auf den Körper einwirken.

♡ Schloss Prösels, das auf einem Hügel südlich von Völs thront, war einst die Residenz des Landeshauptmannes von Tirol, der um 1500 die kleine Burg zu einem prächtigen Schloss umbaute. Es beherbergt eine sehenswerte Sammlung von Waffen, Bildern und antikem Mobiliar. In den Sommermonaten werden Schlosskonzerte, Theateraufführungen, Ausstellungen und andere kulturelle Veranstaltungen abgehalten. Beim jährlichen Oswald-von-Wolkenstein-Ritt ist der Schlosshof Austragungsort von Reiter-Turnierspielen. Und um selbst ein prunkvolles Fest zu feiern, können Sie das Schloss mieten! Infos: Tel. 0471 601062; zu besichtigen im Rahmen von Führungen.

ansitz
merlehen

Zwei unter einer Decke

Hotel Heubad: Im komfortablen Hotel in Völs am Schlern stehen 44 Zimmer bereit. Schlernstr. 13, Tel. 0471 725020, www.hotel-heubad.com

Edelansitz Zimmerlehen: Auf den weiten, sonnigen Wiesen oberhalb von Völs liegt der Zimmerlehenhof, ein architektonisches Juwel aus der Ritterzeit. 1594 heiratete hier der adelige Ferdinand von Khuepach zu Ried, Zimmerlehen und Haslburg, Landeshauptmann an der Etsch, die ebenso blaublütige Katharina von Trapp. Das Anwesen mit den behaglichen Ferienwohnungen eignet sich bestens für eine intime Hochzeit und Flitterwochen; die gotische Schlosskapelle ⛪ bietet einen unvergleichlichen Rahmen für kirchliche Zeremonien. Kühbachweg 15, Tel. 0471 725053, www.zimmerlehen.it

Ein Tisch für zwei

Gasthof Kircher: In Ums, einem Dörfchen nahe Völs, werden schmackhafte Südtiroler Spezialitäten und Gerichte der leichten italienischen Küche aufgetischt. Der Landgasthof ist von Völs aus auf einem angenehmen, markierten Weg auch zu Fuß erreichbar. Mittwoch Ruhetag, Tel. 0471 725151, www.gasthof-kircher.it

Auf einen Blick

🍎 Baden im Heu – Wellness pur!
✉ Hotel Heubad, Fam. Kompatscher, Schlernstr. 13, Völs am Schlern, Tel. 0471 725020, www.hotel-heubad.com
⌛ Ein Heubad dauert etwa 2–3 Stunden, auch Tagesgäste sind willkommen.
🕐 Für die Heubäder ist Vormerkung angeraten!

ℹ Tourismusverein Völs, Tel. 0471 725047, www.voels.it; www.seiseralm.net
🚗 Von Völs ins Oberdorf, in die Schlernstraße abbiegen, nach 100 m Fahrt liegt das Hotel zur rechten Hand.

34 *Von Brautwerben und Kirchenfrieden*

NACH ST. JAKOB IN GRÖDEN

Auf einem Waldrücken hoch oberhalb des geschäftigen St. Ulrich liegt einer der stimmungsvollsten Orte des Grödentals: Auf einer Lichtung steht malerisch das gotische Jakobskirchlein mit seinem hohen schlanken Turm – „dlieja da Sacun". Tische und Bänke laden zur Rast ein, aus einer Quelle sprudelt kühles Nass. Von der Wiese hinter der Kirche zeigt sich ein umwerfendes Panorama, mit Postkartenblick zum Langkofel.

St. Jakob ♭, geweiht dem Patron der Wanderer und Pilger, ist der Überlieferung nach die älteste Kirche Grödens. Ihr Erbauer soll der reiche Jakob oder Jaeklin von Stetteneck gewesen sein, der auf einer Burg am Eingang des Annatals wohnte. Da er kinderlos blieb, beschloss er, für seinen Namenspatron eine Kirche im Tal zu bauen. Aber die Handwerker kamen mit der Arbeit nicht voran, sie verletzten sich und hatten kein Geschick. Vögel trugen die blutigen Späne der Zimmerleute auf einen Berghang, ein Zeichen, dass nach dem Willen Gottes und des Heiligen Jakobus die Kirche dort erbaut werden sollte. Auch eine Quelle sprudelte hervor, deren Wasser für den Mörtel benötigt wurde und die noch heute munter plätschert.

Im Chor und außen an der Südfassade sind Freskenzyklen aus dem 13. Jh. angebracht. Den barocken Hauptaltar schmücken bemalte hölzerne Skulpturen (die Originale befinden sich im Museum de Gherdëina in St. Ulrich). Auch die Einheimischen schätzen diesen einmaligen Platz und der Türbogen zeugt von den

Liebesbekundungen so mancher Pärchen. Das stolze Kirchlein in 1565 m Höhe ist nur zu Fuß über mehrere gut markierte Wege erreichbar, z. B. in einer eineinhalbstündigen Wanderung auf dem Weg „Troi Sacun" von der Ortsmitte von St. Ulrich aus. Bei der Pfarrkirche beginnt der Aufstieg zum Col de Flam, einem aussichtsreichen Hügel. Der Steig wurde für das Heilige Jahr 2000 als „Weg des Dialogs" angelegt, mit Symbolen und Schriftsteinen zur Meditation. Weiter auf Markierung Nr. 6 durch Wald und im Schlussstück eben zur Lichtung mit der St.-Jakob-Kirche. Zurück führt Weg Nr. 4 über den Weiler St. Jakob/Sacun mit Einkehrmöglichkeiten.

Sehens- und Wissenswertes

♡ Sacun ist der ladinische Name für Jakob. Am zweiten Oktoberwochenende findet in St. Ulrich der „Marcià de Segra Sacun" statt – der Blättermarkt, der mit einem alten Brauch verknüpft ist: Ein Mann auf Brautschau kauft auf dem Markt eine Birne (ein Symbol für Liebe), schmückt sie mit einer Schleife und schenkt sie seiner Auserwählten. Diese muss – sofern sie akzeptiert – für das nächste Osterfest verzierte Eier für ihren Werber vorbereiten. Der Freier darf aber ja nicht vergessen die Eier abzuholen und dadurch seine ein halbes Jahr vorher Auserwählte verschmähen! Ob dieser Brauch in unserer schnelllebigen Zeit noch seine Gültigkeit hat?

♡ Über Jahrhunderte galt die Burg Stetteneck – jene des Kirchenbauers Jaeklin – als verschollen, bis vor wenigen Jahren in der Schlucht des Annabachs Reste der vermutlich aus dem 12. Jh. stammenden Anlage entdeckt wurden. Die Grabungsstelle kann im Sommer besichtigt werden, mit Führung des Grabungsleiters und Entdeckers Herwig Prinoth. Infos: Tourismusverein St. Ulrich, Tel. 0471 777600

Wanderung

✳ Wer hoch hinauf will, geht von der Jakobskirche auf Weg Nr. 6 weiter zum Aussichtspunkt Sëurasas und auf schmalem, zum Teil ausgesetztem Grat zum 2365 m hohen Gipfel des Pic (Pitschberg). Entlang Markierung Nr. 20 und 4 zurück nach St. Ulrich. Gehzeit insgesamt 4½ Stunden, 1100 Höhenmeter ab St. Ulrich.

St. Jakob

🚗 Zwei unter einer Decke

Gasthof Stua Catores: Das Haus mit Flair der alten Bergsteigerzeit liegt günstig auf dem Fahrweg zur Jakobskirche. Fotos erinnern an den „alten Nocker" von der „Catores"-Gilde, der Bergrettung. Sein Schwiegersohn verwöhnt die Gäste mit geschmackvoller und vielseitiger Küche. Es gibt Zimmer im „Bauernstil" mit bemalten Betten und Möbeln, zum Entspannen verführt der Wellness-Bereich. St. Ulrich, Sacunstr. 49, Tel. 0471 796682, www.val-gardena.com/albergo/stuacatores

🍴 Ein Tisch für zwei

Café Annatal: Café-Restaurant im malerischen Annatal, wenige Gehminuten von St. Ulrich entfernt. Gemütliche Stuben, gute Kuchen und kleine Speisen, Liegewiese, kostenlose Liegestühle, viel Lektüre. Auch vom Annatal geht ein Steig zur St.-Jakob-Kirche. Von Mitte Juni bis Anfang Oktober und von Weihnachten bis zum Ende der Skisaison geöffnet; kein Ruhetag, Tel. 0471 798643

ℹ Auf einen Blick

🍎 Leichte Wanderung zu einem stolzen Höhenkirchlein

⏳ 1½–2 Stunden Gehzeit, 330 Höhenmeter

☼ Nicht nur in der warmen Jahreszeit ein schöner Ausflug, sondern auch im Winter reizvoll, geräumte Wege

🕐 Die Kirche ist im Sommer untertags meist geöffnet.

ℹ Infos über Öffnungszeiten und Führungen: Tourismusbüro St. Ulrich, Tel. 0471 777600, www.valgardena.it

🚗 Ab der Autobahnausfahrt Klausen 21 km oder ab Waidbruck 13 km nach St. Ulrich im Grödental

5 Drei Kirchen und ein Wasserfall

NACH BAD DREIKIRCHEN BEI BARBIAN

Sigmund Freud schrieb über seine Sommerfrische: „Es war eine entzückende Einsamkeit, Berg, Wald, Blumen, Wasser …". *Christian Morgenstern fand hier gar seine große Liebe. Bad Dreikirchen bei Barbian im unteren Eisacktal gehört zu den idyllischsten Plätzen des Landes. Drei gotische, ineinander verschachtelte Kirchlein, drei Gasthäuser in der Umgebung, einer der schönsten Wasserfälle Südtirols, vereinzelt stehende, architektonisch interessante Ferienhäuser und beschauliche Waldwege machen einen Besuch zu einem besonderen Erlebnis.*

Der Quelle, die bei Dreikirchen entspringt, wurde früher eine heilkräftige Wirkung zugeschrieben. Vermutlich lag an dem Ort, wo sich nun schon seit Jahrhunderten drei gotische Kirchlein **b** befinden, vor undenklicher Zeit ein heidnisches Quellheiligtum. Dreikirchen, auf 1123 m gelegen, stieg im ausgehenden 19. Jh. zum bekannten Heilbad auf, in dem nicht nur das Bozner Bürgertum, sondern auch Kurgäste, die mit der Brennerbahn anreisten, Ruhe und Erholung suchten. Zu den Gästen zählten u. a. Sigmund Freud und Christian Morgenstern. Der deutsche Dichter und Philosoph verliebte sich hier in Margareta Gosebruch von Liechtenstern, die

Briol

Dreikirchen
Villanders
Brixen
Briol
Almstraße
P
Barbian
Eisack
P
Wasserfall
Waidbruck
Ritten
Bozen

0   500   1000 m

er später heiratete. Es ist tatsächlich ein Ort für traute Zweisamkeit, auch heute noch nur zu Fuß erreichbar, mit einer „Aussicht vor sich wie eine Landkarte, das Eisacktal von Klausen bis Waidbruck, oben alle unbekannten Berge bis zum Schlern, das Grödnertal als einen leichten Riß gegenüber", wie der Vater der Psychoanalyse zu schreiben pflegte.

Sehens- und Wissenswertes

♡ Nicht nur Christian Morgenstern fand hier die Liebe seines Lebens – das Bergparadies von Dreikirchen mit seinen hellen Mischwäldern, den Wiesenböden und den darin verstreuten Sommerfrischhäuschen erzählt auch von der großen Liebe zwischen Heinrich Settari und seiner Frau Johanna Ringler: Der tüchtige Bozner Kaufmann hatte Ende des 19. Jh. das vor kurzem umgebaute Mineralbad und Gasthaus Dreikirchen erworben und die Kreuzwirtstochter geheiratet. Johanna schenkte ihm in rascher Folge fünfzehn Kinder! Zu jeder Geburt erhielt sie von Heinrich eine Wiese oder ein Waldstück, damit jedes der Kinder möglichst ein eigenes Heim habe. Zug um Zug wuchsen Sommerfrischhäuser mit den Namen Rotkäppchen, Waldheim, Villa Pia oder Marell. Der berühmte Lois Welzenbacher zeichnete für etliche Projekte verantwortlich. Auf den sonnigen Brioler Wiesen entstand die Dependance des Gasthauses Dreikirchen. Der mit einer Tochter von Johanna verheiratete Maler und Architekt Hubert Lanzinger baute die Pension Briol 1928/29 um und versah sie mit dem für die damalige Zeit revolutionären Pultdach.

Wanderung

⚘ Der wunderschöne, gut markierte Rundweg von Barbian zum Wasserfall und nach Briol ist nur trittsicheren Wanderern zu empfehlen. Während bis zum unteren Wasserfall ab Barbian (Start an der Almstraße) ein promenadenartiger Weg führt, geht der Steig zum oberen Wasserfall durch steiles Gelände. Ab Briol quert ein Weg (Markierung „Saubach") den Hang zum Ausgangspunkt zurück. Gehzeit 3½ Stunden, ca. 420 Höhenmeter. (vgl. Kartenskizze)

❤️ Ein Tisch für zwei   Zwei unter einer Decke

Pension Briol: Puristische Pension und Gasthaus mit interessanter Architektur im Stil der Wiener Moderne. Briol ist heute noch weitgehend original mit seinen 13 Gästezimmern und dem nostalgischen Speisesaal: ein kleines Paradies für Menschen, die auf stilvolle Art dem Alltag entfliehen wollen. Geöffnet von Anfang Mai bis Mitte Oktober, erreichbar zu Fuß oder für Hausgäste mit Taxidienst von Barbian aus, kein Ruhetag, Tel. 0471 650125, www.briol.it

Gasthof Bad Dreikirchen: Der traditionsreiche Gasthof, einst Heilbad, liegt direkt neben den drei Kirchen. Liebevoll und stilvoll eingerichtetes Haus ohne modernen Schnickschnack mit Klavierzimmer, Bibliothek, Schwimmbad und Liegewiese für Sonnenanbeter. Geöffnet von Mai bis Oktober, erreichbar zu Fuß oder für Hausgäste mit Taxidienst von Barbian aus, kein Ruhetag, Tel. 0471 650055, www.baddreikirchen.it

ℹ️ Auf einen Blick

🍎 Spaziergang zu einem einzigartigen Ort mit drei kleinen Kirchen und hervorragenden Einkehrmöglichkeiten

⏱ ½ Stunde Gehzeit ab dem Sportplatz, 220 Höhenmeter

☼ Von Frühling bis Spätherbst immer lohnend. Der Wasserfall ist zur Zeit der Schneeschmelze besonders grandios.

ℹ️ Tourismusverein Barbian: Tel. 0471 654411, www.barbian.it

🚗 Dreikirchen hat keine öffentliche Zufahrt. Vom Sportplatz in Barbian 30 Minuten Fußweg hinauf zu den drei Kirchen. 45 Minuten nach Briol, 310 Höhenmeter.

36 Silberglanz und dunkle Abenteuer

INS BERGWERKSGEBIET VON VILLANDERS

Der sonnige, nach Südost gerichtete Hang des Eisacktaler Dorfes Villanders ist jahrtausendealtes Siedlungsgebiet. Wann die Menschen anfingen, hier Erz abzubauen, ist nicht bekannt – vom Mittelalter bis in die späte Neuzeit brachte der Bergbau jedenfalls der Gegend Wohlstand, war das Pfunderer Bergwerk doch eines der ertragreichsten in ganz Tirol! Auf den Spuren des Erzabbaus gibt es einige besondere und geheimnisvolle Plätze zu erkunden.

So öffnet sich etwa im Wald nahe den alten Stollen eine kleine ebene Lichtung: In der Bergeinsamkeit steht die zauberhafte Kirche von St. Anna in Rotlahn (1133 m; verschlossen). Das auch Knappenkirchlein genannte Bauwerk wurde Mitte des 18. Jh. der Patronin der Bergknappen geweiht, die sich hier jeden Dienstag zu einer Messe zusammenfanden. Tisch und Bank laden zu Rast und Picknick ein, auf den Wiesen lässt sich trefflich die Decke zu einem Schäferstündchen ausbreiten.

Wenn man das Auto in der Nähe des Seelaushofs im Weiler Gravetsch (ab Villanders beschildert) parkt, führt ein Weg unter dunklen Nadelbäumen in 45 Minuten fast eben nach St. Anna. Folgt man dem Weg einige Minuten weiter, so findet man sich mitten in der Rotlahn wieder, einer Halde mit taubem Gestein aus den oberhalb liegenden Stollen, wo für Hobbymineralogen die Steine noch heute glitzern und glänzen. Schöner Blick hinüber auf die andere Seite des Thinnetals, nach Latzfons!

Blick auf
Kloster Säben

Sehens- und Wissenswertes

♡ Dunkle Abenteuer verspricht das Pfunderer Bergwerk bei Villanders, bereits um 1100 urkundlich erwähnt. Im ausgehenden
Mittelalter hatte das Bergwerk seine Blütezeit und beschäftigte Hunderte von Knappen, die silberhaltigen Bleiglanz, Zink-
blende, Kupferkies, Schwefelkies und in geringer Menge auch
Silber schürften. Der steile Berghang zum Thinnebach ist von
Stollen und Gängen durchlöchert. Der Elisabeth-Stollen – von
einer rührigen Gruppe von Bergwerksfreunden instand
gesetzt – kann von Mai bis Oktober mit Führung (ca. 2 Stunden) besichtigt werden: dienstags und donnerstags um 10
Uhr, sonntags um 14 Uhr. Infos: Tourismusverein Villanders,
Tel. 0472 843121, www.bergwerk.it

Wanderung

⚹ Wer sich vor steilen Anstiegen nicht drückt, startet in Klausen (525 m), geht den Thinnebach entlang bis zur gut beschilderten Abzweigung (Mark. 3A) des zuerst breiten, dann
schmaler werdenden Wegs, der über den Muttnerhof zum
Johannserhof führt, von wo sich ein Prachtblick hinüber
zum Kloster Säben zeigt. Weiter hinauf zum Menhir, im
Volksmund als Langer Stein bezeichnet. Der 3 m hohe,
mächtige Steinfinger gibt so manche Rätsel auf: Im Gegen-
satz zu anderen Menhiren am Ritten oder in Tötschling bei
Brixen weist er keine Einritzungen auf. Die sonderbare Form
lässt unwillkürlich an ein Symbol männlicher Kraft denken.
Vom Menhir weiter hinauf zum Hof Moar in Ums und zur
St.-Anna-Kirche. Von hier aus auf Weg Nr. 3 (rotweiß) hinauf zu dem für Besucher zugänglichen Elisabeth-Stollen
(1250 m). Zurück über den Weg 3 nach Villanders, dann Weg
4 nach Klausen. Aufstieg 2½ Stunden, Rückweg 2½ Stunden, 680 Höhenmeter. (vgl. Kartenskizze)

Zwei unter einer Decke

Ansitz zum Steinbock: 19 stilvolle Zimmer im alten Gerichtssitz der Herren von Villanders, im Ortszentrum. Das Restaurant bietet in den historischen Stuben feine Küche. Für Wanderer kleine Karte mit Tiroler Gerichten, Jausen und Kuchen. Montag Ruhetag, Tel. 0472 843111, www.zumsteinbock.it

Der Menhir

Ein Tisch für zwei

Die Gegend um Villanders zählt zu den Hochburgen des Törggelens, der Einkehr bei neuem Wein, gebratenen Kastanien und zünftigen Brettljausen im Herbst. Wechselnde Öffnungszeiten und Ruhetage, Vormerkung angeraten.

Röck: Hervorragende Weine, darunter ein Cuvée aus Zweigelt und St. Laurent. Fraktion St. Valentin, Tel. 0472 847130

Johannser: Einmalig schöner historischer Bauernhof in herrlich ruhiger Lage. Zufahrtsstraße vom Kirchlein von St. Valentin aus, Tel. 0472 847995

Pschnicker: Gut und gemütlich, Fraktion St. Moritz/Sauders, Tel. 0472 843498

Winkler: Große getäfelte Bauernstube, sonnige Zimmer, Terrasse, Kinderspielplatz. Fraktion St. Moritz/Sauders, Tel. 0472 843105

Auf einen Blick

Einfache Wanderung zu einem „Knappenkirchlein" in einem historischen Bergwerksgebiet

Vom Seelaushof nach St. Anna und retour 1½ Stunden, kaum Höhenunterschied

Empfehlenswerter Ausflug von Frühjahr bis Spätherbst; im Oktober und November ist Törggelezeit!

Tourismusverein Villanders, Tel. 0472 843121, www.villanders.dindi.com

Von Klausen 3,5 km bis Villanders, auf der „Almstraße" bis zur beschilderten Abzweigung nach Gravetsch und zum Seelaushof; von hier Start des Wegs nach St. Anna. Oder von Villanders 2 km auf der „Almstraße" bis zur beschilderten „Zilderer Kehre", hier Abzweigung zum nahen Parkplatz und noch 10 Minuten breiter Fußweg zum Elisabeth-Stollen.

37 Kraftvolle Steine

INS MINERALIENMUSEUM TEIS

Auf einem sonnigen Mittelgebirgsrücken, in Panoramaposition mit Blick auf die Rebhänge des Eisacktals und die berühmten Dolomitenzacken der Geislergruppe, liegt das Dorf Teis. Hier finden sich die Fundstätte der Teiser Kugeln – Geoden mit bis zu 20 cm Durchmesser – und ein kleines, sehenswertes Mineralienmuseum. Vielen der Steine werden besondere Kräfte nachgesagt, einige sollen in Liebessachen wahre Wunder wirken ...

Geologen wissen es: Wo mehrere Gesteinstypen aufeinanderstoßen, kommen besondere Mineralienarten vor, so auch in der Teiser Gegend. Vor Jahrmillionen trat im Zuge gewaltiger Vulkanausbrüche Porphyrgestein an die Erdoberfläche. Beim Abkühlen bildeten sich in den Hohlräumen des Lavatuffs Geoden: kristall- oder achatgefüllte Kugeln, die unter dem Namen „Teiser Kugeln" zu begehrten Sammlerobjekten wurden. In Teis ist Paul Fischnaller zu Hause, der Mineraliensucher und -sammler, der seine Schätze in einem Museum der Öffentlichkeit zugänglich macht. Die Ausstellung beinhaltet nicht nur glänzende Funde aus Teis, sondern auch aus anderen alpinen Regionen, in denen er schürfte, zum

Villnöss

Beispiel aus der Schweiz, dem Aostatal und dem Mont-Blanc-Gebiet. Keine Kaufobjekte, keine Tauschobjekte. Im Museumsshop werden neben umfassender Literatur zum Thema auch Souvenirs sowie die unterschiedlichsten Schmuck- und Heilsteine angeboten.

Zum Gostner Graben, dem Hauptfundort der

Geoden, führt Weg Nr. 11 vom Dorf aus in nur einer Viertelstunde. Ohne Genehmigung aber darf in dem abschüssigen Gelände nicht nach Mineralien gesucht werden. Paul Fischnaller zeigt bei Führungen in den Gostner Graben (nach Vormerkung) mehrmals im Monat, wie Teiser Kugeln gefunden und geknackt werden.

Sehens- und Wissenswertes

♡ Was Steine alles leisten! Sie unterstützen Körper und Seele bei der Selbstheilung, besonders bei viel Hautkontakt mit dem jeweiligen „persönlichen" Stein als Halsband, Armreif oder als Schmeichelstein in der Tasche: Der rosa bis violette Amethyst ist ein Meditationsstein. Er beschützt die Seele vor zerstörerischen Kräften, vermittelt Lebensfreude, Harmonie, Wärme, Ruhe und Frieden, verleiht dem Träger mehr Temperament und eine unwiderstehliche Ausstrahlung. Der rote Granat gibt Kraft, fördert Ausdauer, stärkt die Bereitschaft zur gegenseitigen Hilfe und fördert Mut, Hoffnung und Vertrauen. Er löst unnötige Hemmungen, macht dynamisch und kreativ und sorgt für eine aktive, lebendige Sexualität; Männern hilft er bei Potenzproblemen. Der zartrosa Rosenquarz heilt die Seele bei Liebeskummer. Er hilft, für eine neue Liebe empfänglich zu sein, stärkt das Selbstvertrauen, stimuliert das Liebesempfinden, besänftigt das Herz nach Enttäuschungen, hilft angestaute Ängste und Sorgen loszulassen, begünstigt ein harmonisches und erfülltes Sexualleben.

♡ Ein Kirchlein wie aus dem Bilderbuch – und daher eines der bekanntesten Fotomotive Südtirols – ist St. Johann in Ranui ⓑ im hinteren Villnösstal. Die Barockkirche wurde 1744 in zauberhafter Lage zu Füßen der Geislergruppe errichtet.

Wanderung

✕ Auf der 12 km langen „Jochrunde" sind gehtüchtige Wanderer rund 5 Stunden unterwegs. Von Teis (963 m) auf Weg Nr. 11 nach St. Valentin und weiter bis St. Peter/Villnöss (1154 m). Auf Weg 30, vorbei an St. Jakob , über die Jochhöfe (gute Einkehr in der Jausenstation Moarhof) zum Jochkreuz (1370 m) und auf 30A zurück nach Teis. Auf den Wiesen vor den beiden sehenswerten Höhenkirchen lässt es sich herrlich faulenzen und mit himmlischem Segen kuscheln.
400 Höhenmeter. Wer die Runde um 2 Stunden verkürzen möchte, steigt von Teis zu den Jochhöfen auf, über den Zinnerhof zum Gostner Graben ab und kehrt von da zurück nach Teis. (vgl. Kartenskizze)

„Teiser Kugel"

Zwei unter einer Decke

Teiser Hof: Traditionsreiches, komfortabel umgebautes Gasthaus in der Ortsmitte von Teis nahe am Museum. Schöner Gastgarten unter breit ausladendem Nussbaum, typische Tiroler Gerichte. Zimmer mit Balkon und Dolomitenblick, Wellnessbereich mit Sauna und Solarium, Freibad mit Liegewiese. Tel. 0472 844571, www.teiserhof.com

Ein Tisch für zwei

Jausenstation Moarhof: Auf etwa 1350 m in schönster freier Lage zählt der Moar zu einem der Jochhöfe. Gute Tiroler Küche, zünftige Jausen, Wildgerichte, Besonderes wie Erdäpfelblattlen und Kraut, im Herbst Törggelegerichte. St. Jakob 18a/Villnöss, außer im Sommer Montag Ruhetag, Tel. 0472 840318, www.jausenstationmoar.com

ℹ Auf einen Blick

🍎 Besuch des liebevoll und informativ eingerichteten Mineralienmuseums in einem geologisch interessanten Gebiet

✉ Das Mineralmuseum ist im Vereinshaus von Teis untergebracht.

🕐 Sonntag vor Ostern bis Sonntag nach Allerheiligen, 10–12 und 14–16 Uhr, Samstag und Sonntag 14–17 Uhr

ℹ Tourismusverein Teis, Tel. 0472 844522; www.mineralienmuseum-teis.it

🚗 Kurz auf der Villnösser Straße taleinwärts, links ab und wenige Kilometer hinauf nach Teis

38 *Dem Himmel so nah …*

AUF DIE SPILUCKER PLATTE BEI VAHRN

Vom Talgrund bei Brixen ist die natürliche Aussichtsplattform der Spilucker Platte in den Wäldern über Vahrn nur zu erahnen. Sie schiebt sich von dem in einer Geländemulde versteckten Weiler Spiluck auf einer Waldkuppe über das Eisacktal vor. Der grandiose Ausblick von dort bedarf keiner Worte, die Wiese und Ruhebänke laden zum Träumen ein.

Am sonnigen, bewaldeten Südhang des Scheibenbergs hoch über Vahrn kleben die vereinzelten Spilucker Bauernhöfe. Eine schmale, asphaltierte Straße verbindet Vahrn (670 m) mit dieser Streusiedlung (1325 m). Zu Fuß erreicht man Spiluck auf einem alten steilen Karrenweg (Nr. 2) ab Vahrn, vorbei an der Ruine Salern (bis ins 17. Jh. Sitz des Gerichtes Salern), in 1½ bis 2 Stunden. Kurz bevor man die Höfe erreicht, taucht der Weg aus dem Wald und stößt auf eine Lichtung mit Aussichtsbänken – eben die Spilucker Platte. Die Freiwillige Feuerwehr hat hier einen Platz für kleine Feste angelegt: Rustikale Tische und Bänke, unter einem schützenden Flugdach an den Hang gelehnt die Wasser- und Abwaschstelle sowie ein großer Grill. Im Wald versteckt sich gar ein Plumpsklo. Die Einsamkeit des Platzes ist bei diesem Aufgebot (manchmal) dahin, aber es gibt auch Vorteile: Der Platz samt Equipment kann gegen einen Obolus an die Feuerwehr (Infos: Hotel Hanserhof, Tel. 0472 835377) für persönliche Feiern gemietet werden! Es gibt wohl keinen schöneren Ort für Junggesellenausstand, Jahrtagsfeier oder Geburtagfest unter freiem Himmel. Und kein Nachbar fühlt sich gestört! Von Spiluck ist die Zufahrt zum Auf- und Abladen erlaubt. Der ebene Fußweg ab dem Hanserhof beträgt keine 10 Minuten.

Wanderungen

✤ Der Spilucker Rundwanderweg verbindet etliche interessante Punkte in Spiluck: Man kommt am alten Backofen vorbei, einer Wassermühle, dem Aussichtspunkt der Spilucker Platte und den drei Gasthäusern des Weilers: dem Gostner-, Ortner- und Hanserhof. 1 Stunde Gehzeit, 100 Höhenmeter.

✤ Eine leichte Wanderung auf dem alten „Kirchsteig" (fast ebene Streckenführung, Mark. 3A) verläuft in ca. 1½ Stunden von Spiluck ins Nachbardorf Schalders (1167 m). Von dort geht ein breiter Waldweg am Schalderer Bach entlang, vorbei an der Kneippanlage, in knapp 1 Stunde bis Vahrn. (vgl. Kartenskizze)

✤ Von Spiluck aus kann die Wanderung nach Franzensfeste (749 m) fortgesetzt werden, dabei geht es auf dem Peissersteig (Mark. 3A) in knapp 2 Stunden ins Tal. Rückkehr von Franzensfeste nach Vahrn mit dem Bus möglich. 580 Höhenmeter im Abstieg.

Sehens- und Wissenswertes

♡ Am Schalderer Bach in Vahrn wurde eine frei zugängliche Kneipp-Wassertretanlage eingerichtet. Das Staken im kalten, fließenden Wasser in freier Natur belebt ungemein Körper und Geist, v. a. an schwül-heißen Sommertagen. Tisch und Bank sowie ein klarer Brunnen laden zum Picknick und die Liegewiese zur wohlverdienten Ruhepause ein.

♡ Im nahen Brixen lohnt sich ein Besuch des Pharmaziemuseums, einer gut präsentierten und höchst interessanten Sammlung kurioser Arzneimittel: von Zäpfchen gegen Fieber über Pflaster gegen Spülwürmer bis hin zu Potenzmitteln. Apotheke Peer, Adlerbrückengasse 4, geöffnet dienstags und mittwochs von 14 bis 18 Uhr, samstags von 11 bis 16 Uhr, Tel. 0472 209112, www.pharmazie.it

Zwei unter einer Decke

Hanserhof: Neu und komfortabel umgebautes Haus in Spiluck, hübsche Zimmer. Die Küche wird von der Hausherrin persönlich geführt. Überdachte Grillterrasse vor dem Haus. Tel. 0472 835377, www.hanserhof.it

 ## Ein Tisch für zwei

Gasthof Ortnerhof: Das Bauerngasthaus in Spiluck bietet neben einfacher Hausmannskost auch einfache Zimmer; Wiesenterrasse. Dienstag Ruhetag, Tel. 0472 834708

Auf einen Blick

 Ausflug (auch als einfache Wanderung mit steilem Anstieg möglich) zu einem aussichtsreichen Platz hoch über dem Brixner Talkessel

 1½ bis 2 Stunden Gehzeit ab Vahrn, 660 Höhenmeter

 Ein Ausflug für das ganze Jahr; im Winter lockt Rodelspaß auf dem 2 km langen Weg vom Klosterwald zum Gostnerhof.

 Tourismusverein Vahrn, Tel. 0472 802232

 Von Vahrn zunächst in Richtung Schalders, bis rechts die Straße nach Spiluck abgeht (ca. 6 km). Bei Start in Vahrn: Parken im Oberdorf.

9 Vierfüssler unterwegs

AUF DEN ROSSKOPF

Der 2189 m hohe Rosskopf ist der Hausberg der Sterzinger. Er ist einfach zu erreichen, mit Umlaufbahn auch im Sommer gut erschlossen und trotz seiner geringen Höhe – er lugt gerade mal über die Waldgrenze hervor – wegen seiner exponierten Lage ein unvergleichlicher Aussichtsberg.

Bekannt ist der Rosskopf als Skigebiet im Winter. Wer den Berg im Sommer besucht, wird angenehm überrascht sein vom lieblichen Gelände mit den blumenreichen Wiesen, die sich besonders Anfang Juli in ihrer ganzen farbenfrohen Pracht zeigen, und von den vielen Wandermöglichkeiten mit beeindruckendem Fernblick. Eine halbstündige, landschaftlich schöne Wanderung geht zur Kastellacke (1930 m), einem kleinen beschaulichen Weiher (Biotop) inmitten der Almmatten auf dem Kamm zwischen dem Wipptal und dem Almtälchen Vallming. Der mit Nr. 19 markierte Weg führt unterhalb der Jausenstation Rosskopf vorbei durch Fichtenwald und über sonnige Lichtungen. Großartiges Panorama: die Telfer Weißen im Westen, der vergletscherte Olperer im Osten, die Wilde Kreuzspitze und der Zinseler hinter dem Sterzinger Talkessel. Hier lässt sich eine Decke ausbreiten und dem Müßiggang – und sonstigen Annehmlichkeiten wie etwa einem Picknick – frönen!

Telfer Weißen
Rosskopf
Kastellacke
Sternhütte
Ochsenalm
SS 12
Sterzing

0   500   1000 m

Wanderungen

❈ Wer den Gipfel des Rosskopfs, das „Köpfl", besteigen will, nimmt von der Kastellacke den Steig Nr. 24 und wandert die Ostkante entlang hinauf zum Gipfelkreuz. Fantastischer Blick zu Tribulaun, Hochfeiler und den Dolomiten. 1 knappe Stunde Gehzeit, 326 Höhenmeter. (vgl. Kartenskizze)

❈ Anspruchsvoller ist der Weg vom „Köpfl" weiter zum Gipfel der Telfer Weißen (2588 m). Die teilweise ausgesetzte Gratwanderung (Mark. 24) zieht sich in stetem Auf und Ab zu einer Scharte und ab hier auf einem ca. 400 m langen, seilgesicherten Schlussanstieg zum felsigen Gipfel. Erneut grandioser Blick auf Almen und Täler, zu den Dolomiten und dunklen Hauptgipfeln des Alpenkammes. Ab Bergstation 3½ Stunden, Abstieg über die Ochsenalm 2½ Stunden, 730 Höhenmeter. (vgl. Kartenskizze)

 Zwei unter einer Decke

Hotel Lilie: Im denkmalgeschützten Haus aus dem Spätmittelalter mit prächtigen Gewölben und modernem Hotelkomfort gibt es ein eigenes Romantikpaket: Inbegriffen ist ein Aperitif im Foyer, eine süße Überraschung im Zimmer, eine Flasche Hauswein, ein Gourmet- und Romantikdinner bei Kerzenlicht, die Übernachtung im Baldachin-Lager und ein Kuschelfrühstück im Bett. Sterzing, Neustadt, Tel. 0472 760063, www.hotellilie.it

Blick auf die
Telfer Weißen

❤️ Ein Tisch für zwei

Wirtshaus Pretzhof: Bei Sterzing zweigt das Pfitscher Tal ab; die erste Ortschaft ist Wiesen und hier liegt auf 1280 m der Pretzhof, ein wunderschöner Erbhof – und ein Gourmetlokal: Ländliches Flair, familiäre Atmosphäre und edle Weine schaffen beste Voraussetzungen für traute Zweisamkeit. Ulli und Karl Mair sind wunderbare Gastgeber, auf den Tisch kommt viel Lokales bzw. viel vom eigenen Hof. Abzweigung ca. 1 km nach Wiesen, von da weitere 3 km Fahrt. Montag und Dienstag Ruhetag, Tel. 0472 764455, www.pretzhof.com

ℹ️ Auf einen Blick

🍎 Spaziergang im Gebirge mit Postkartenpanoramablick

⌛ ½ Stunde Gehzeit, kaum Höhenunterschied

☼ Im Winter ist der Rosskopf ein viel besuchtes Skigebiet, ruhiger ist es ab Ende der Skisaison von Frühling bis Herbst.

ℹ️ Tourismusverein Sterzing, Tel. 0472 765325, www.infosterzing.it; www.rosskopf.com

🚗 Am Nordrand von Sterzing an der Staatsstraße Parkplatz und Talstation der Umlaufbahn, die in wenigen Minuten über 900 Höhenmeter überwindet.

40 Liebe auf hohem Niveau
EINE BERGWANDERUNG IM GADERTAL

Im äußersten Südosten des Abteitals, an der Grenze zu den Bergen von Buchenstein und Cortina, liegt die Pralongià, eine ausgedehnte Hochalm und ein einmaliges Wandergebiet. Pralongià bedeutet auf Ladinisch „lange Wiese", eine treffliche Charakterisierung des Almgeländes.

Die hier vorgeschlagene Wanderung hat es in sich, immerhin sind für den Hin- und Rückweg 6 Stunden Gehzeit zu veranschlagen – aber sie lohnt sich und die zu bewältigenden Höhenmeter sind gering! Beginnen tut's gemütlich: Von St. Kassian aus erleichtert eine Kabinenumlaufbahn den Aufstieg zum 2003 m hohen Piz Sorega. In 5 Minuten ist die Las-Vegas-Hütte erreicht. An dem Haus mit kuriosem Namen vorbei geht der promenadenartige Wanderweg in 40 Minuten südwärts zum Pralongià-Haus (2130 m), schwenkt jetzt nach Osten und erreicht in weiterer 15 Minuten die vorläufig höchste Erhebung, den Störes-Buckel mit Gipfelkreuz (2181 m). Ab hier wird der Weg etwas einsamer, auch die Träger und Seile der Liftanlagen bleiben zurück. Das 360-Grad-Panorama ist, wie auf der gesamten Wanderung, beeindruckend, im Süden leuchtet der Gebirgsstock der Marmolada mit ihrem weißen Gletscherhut. Markierung 23 verläuft auf der Südseite des Settsass-Gebirgszugs, geht über den Sief-Sattel (2262 m), an dem nach dem deutschen Geologen Ferdinand Freiherr von Richthofen (1833–1905) benannten Richthofenriff vorbei, zur

Valparola-Hütte (2168 m) am gleichnamigen Pass. Bis hierher sind's ab Piz Sorega 3 Stunden. Der Rückweg erfolgt auf der Nordseite des Settsass auf Weg Nr. 24, der sich bald hinter dem Le-Pizzade-Sattel – mit 2279 m der höchste Punkt der Wanderung – mit dem Hinweg vereint. Immer gute Wege, sodass Sie einen Großteil der Strecke auch Hand in Hand zurücklegen können ...

Las-Vegas-Hütte

Sehens- und Wissenswertes

♡ Das Gadertal zieht sich von St. Lorenzen im Pustertal zu den Dolomiten hin. Die anfängliche dunkle Enge macht im Talschluss (nun Abteital) weiten sonnigen Wiesen Platz, ein Kranz von schönsten Dolomitengipfeln krönt die liebliche Landschaft. Zu ihrer Schönheit gesellt sich die Einmaligkeit der Bewohner, die noch eine vom Vulgärlatein abstammende romanische Sprache, das Ladinische, sprechen. Die Gegend hat sich zu einem Fremdenverkehrsgebiet ersten Ranges entwickelt, besonders die italienische Schickeria verbringt in den mondänen Hotels der Extraklasse gerne den Ski- bzw. Sommerurlaub.

♡ Wo sich bei Stern im Abteital weite Wiesen unter hellen Dolomitenfelsen ausbreiten, liegt das wohl schönste historische Gebäude des Tals, Ciastel Colz, oder wie die Einheimischen das Schloss nennen: Gran Ciasa, das „Große Haus". Schloss Colz wurde 1537 auf einem mächtigen Felsen auf den Wiesen unterhalb der Gardenazza-Gruppe im gotischen Stil errichtet, mit einer trutzigen Wehrmauer und einem würfelförmigen Zentralbau mit Ecktürmchen und Steildach. Durch ein imposantes, mit Eisen beschlagenes Portal geht es hinein in die von Gewölben überspannten, teils mit prächtigen Kassettendecken und Holztäfelungen aus dem 16. Jh. versehenen Räumlichkeiten. Fresken und Wappen weisen auf die verschiedenen Besitzer hin: die Herren von Colz, Freieck und Winkler. Vor etlichen Jahren renovierten die Besitzer den Bau schonend und wandelten ihn in ein exklusives Hotel um. Tel. 0471 847511

Zwei unter einer Decke

Las-Vegas-Hütte: Die Liebe müssen Sie schon selbst mitbringen, aber der Rahmen für einen Aufenthalt der ganz besonderen Art steht Ihnen in der Hütte am Piz Sorega zur Verfügung. Der für eine Alm etwas irreführende Name stammt noch aus der Nachkriegszeit, als bei amerikanischer Musik und Après-Ski die Post abging. An den alten Hüttentrakt ist heute ein neues Gebäude angebaut. Äußerlich im Stil einer etwas zu groß geratenen Almhütte, wurde es innen unter Verwendung von Glas, Stahl, Leder und Holz in bemerkenswert konsequenter Art minimalistisch und linear gestaltet. Die Panoramascheiben des Restaurants zeigen einen atemberaubenden Blick zu den Felszacken von Sassongher und Gardenazza. Vor den Schlafzimmerfenstern und den Balkonen türmen sich die Wände und Zinnen des Conturines-Massivs, und sogar von der Eckbadewanne aus sieht man durch das eigens tief herabgezogene Fenster zum Sassongher. Die feine Küche und die eindrucksvolle Weinkarte tun ein Übriges, um sich das Haus als Quartier für ein mehrtägiges Kuschel-Arrangement, zum Ausspannen und Verwöhnen zu wählen. Im Winter herrscht mittwochs Hüttenzauber, mit Live-Musik und Dinner. Gästetransport mit Raupenfahrzeug. Tel. 0471 840138, www.lasvegasonline.it

 **Ein Tisch für zwei**

Gasthof Dasser: In den rustikalen Stuben des Dorfgasthauses in St. Martin in Thurn im mittleren Gadertal werden traditionelle ladinische Küche, italienische Vorspeisen und Wildgerichte serviert. Das nahe Ladinische Museum in Schloss Thurn bietet sich für eine Stippvisite an. Außer in der Hochsaison Sonntagabend und Montag Ruhetag, Tel. 0471 523120

Auf einen Blick

🍎 Lange, aber unschwierige Wanderung in der Bergwelt Ladiniens
⌛ Insgesamt 6 Stunden Gehzeit, 276 Höhenmeter
☼ Das Gadertal ist eine Touristenhochburg. Am ruhigsten ist es auf den Wanderwegen im Frühjahr, Herbst und Spätsommer.

ℹ Tourismusverein Stern, Tel. 0471 847037; Tourismusverband Abtei, Tel. 0471 836176, www.altabadia.org
🚗 Von Stern/La Ila im Gadertal nach St. Kassian und zur Kabinenumlaufbahn an der Straße zum Valparola-Pass

Ciastel Colz

41 Kann denn Liebe Sünde sein?

NACH HEILIG GEIST IM AHRNTAL

Wenn Sie sich mit Sünden beladen haben, egal welcher Art, können Sie diese im hintersten Ahrntal zwar nicht elegant, aber unaufwändig loswerden. Das Kirchlein Heilig Geist liegt einsam auf buckligen Wiesenböden und schmiegt sich an einen gewaltigen gespaltenen Felsblock, der früher als „Schliefstein" diente. Wer sich sünden-, aber reuevoll durch den engen Spalt zwängte, streifte nach allgemeiner Überzeugung seine Schuld ab …

Heilig Geist, einst Knappenkirche für die Bergleute des nahen Kupferbergwerks in Prettau, ist heute eine Wallfahrtskirche, ein beliebtes Hochzeitskirchlein und allemal ein lohnendes Ausflugsziel inmitten der eindrucksvollen, bis weit in den Frühsommer verschneiten Ahrntaler Bergwelt. Sie wurde 1455 vom Brixner Fürstbischof Nikolaus Cusanus eingeweiht. Ihr Freskenschmuck ist immer wieder ergänzt worden, sodass Bilder aus der Gotik genauso vertreten sind wie barocke Werke und Zeugnisse des Manierismus. Zum Kreuz, das heute neben dem Altar hängt, heißt es, ein Schütze auf dem Weg zu einem Preisschießen habe aus purem Übermut auf den hölzernen Herrgott geschossen (die Ein-

schusslöcher sind noch gut zu sehen). Auf dem Heimweg spießte ihn der Stier, den er beim Preisschießen gewonnen hatte, zur Strafe für seinen Frevel am Kreuz auf die Hörner.

Heilig Geist (1619 m) samt Schliefstein erreicht man ab Kasern in rund 20 Minuten auf dem alten Kreuzweg mit neuen Stationen, der parallel zur Schotterstraße und eben verläuft.

Wanderungen

❀ Auf breitem Weg – links und rechts von Alpenrosen überzogene Hänge und vorbei an mehreren Einkehrstätten – gelangt man von Heilig Geist in 1 Stunde leicht ansteigend weiter zur Jausenstation Lahneralm (1979 m), wo ein Steig steil empor zur Birnlückenhütte (2441 m) mit fantastischem Blick zur vergletscherten Dreiherrenspitze weiterführen würde. 380 Höhenmeter.

❀ Ein lohnender Rundweg an den Fuß der vergletscherten Rötspitze beginnt am Parkplatz in Kasern (1600 m), geht über den alten Erzweg, vorbei an vielen Stollen und Lehrtafeln zum ehemaligen Bergwerk, steil bergauf zur bewirtschafteten Rötalm (2116 m) und ins wunderbare ebene und weite Röttal; an dessen Ende hinauf zur Lenkjöchlhütte (2590 m; Sommerbewirtschaftung). Bis hierher Markierung 11. Zurück nach Kasern entlang Markierung 12 durch das Windtal. 6 Stunden für die lange, aber leichte Wanderung, 1000 Höhenmeter. (vgl. Kartenskizze)

Zwei unter einer Decke

Berghotel Kasern: Aus dem traditionsreichen Dorfgasthaus in Kasern/Prettau hat sich ein reizvolles Berghotel entwickelt, in dem sich die Einheimischen immer noch gern zum Kartenspiel treffen. Garten, Sonnenterrasse, gemütliche Zimmer. Gepflegte Weinkarte und lokale Gerichte. Tel. 0474 654185, www.kasern.com

 ## Ein Tisch für zwei

Restaurant Leuchtturm: Günter Plankensteiner, Küchenchef und Eigentümer, bietet neue Interpretationen der lokalen Küche. Außerdem Weinbar und Bistro mit Spezialitäten-Häppchen. Sand in Taufers, Bayergasse 12, Donnerstag und Freitagmittag Ruhetag, Tel. 0474 678143

i Auf einen Blick

Spaziergang zu einem Wallfahrtskirchlein in malerischer Almlandschaft

Kasern–Heilig Geist und retour: rund 40 Minuten, kaum Höhenunterschied

Am schönsten im Sommer, wenn auch die meisten Almbetriebe offen halten.

Tourismusverein Prettau, Tel. 0474 652198; Tourismusverband Ahrntal, Tel. 0474 652081

Von Bruneck 40 Kilometer durch das Ahrntal bis Kasern, wo die Talstraße endet, gebührenpflichtiger Parkplatz.

2 Wenn Bäume sprechen

NACH AMATEN BEI PERCHA

Bäume sind hervorragende Geschichtenerzähler. So wie der stolze Ahorn, der in Amaten bei Percha allein auf einer Wiese steht und von seinem Aussichtsbalkon erhaben über den Brunecker Talkessel blickt. Er weiß von Hoffnung, Liebe und erfülltem Leben zu berichten.

Etwa in der Mitte des Pustertals, östlich hoch über dem Talkessel von Bruneck, thront in sonniger Südlage ein behäbiger Bauernhof, der sich in den vergangenen Jahren von einem Bauerngasthaus zu einem komfortablen Berghotel gemausert hat: der Berggasthof Amaten. Von hier zieht sich in sanftem Rund ein ebener Spazierweg zum nahen Wiesenhügel hin; in kurzen Abständen stehen Bänke und laden zum Verweilen ein. Die anmutige Landschaft mit sanften Wiesen, Wäldern, dem weiten Talkessel, aus dem das Städtchen Bruneck heraufschaut, dem Kranz der Berge, die den Rundblick abschließen – von den Dolomiten im Süden bis zu den mächtigen Riesen des Alpenhauptkamms im Nordwesten –, belebt jeden Traum von Glück und Harmonie. Am Scheitelpunkt des Hügels breitet einsam und beherrschend ein Ahorn seine Äste aus. In seine Rinde ist ein Herz

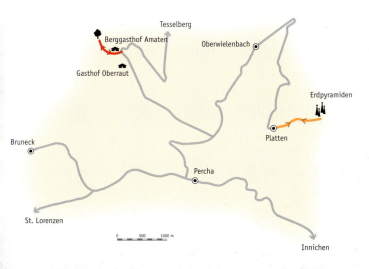

geschnitzt – Zeichen einer Liebesgeschichte? Eine Bronzetafel mit der Inschrift „50 Jahre Eduard und Maria" erinnert an ein langes und erfülltes gemeinsames Leben des Ehepaares vom nahen Hof. Bei ihrer Hochzeit pflanzten sie den Ahorn, zum 50-jährigen Jubiläum im Jahre 1997 wurde die Tafel zur Erinnerung angebracht.

Sehens- und Wissenswertes

♡ Die alte Hauskapelle 🅱 wird von den neuen Baukörpern des Hotels in die Enge genommen, ihr Türmchen lugt kaum über die neuen Dächer hervor und es braucht nicht viel, das Kirchlein zu übersehen, so putzig erscheint es. Die Kapelle ist den Bauernheiligen Sylvester (als Viehpatron an der Kuh erkennbar, die hinter seinen Beinen hervorlugt) und Florian, der vor Feuersbrunst schützt, gewidmet. Ideal für eine religiöse Feier in kleinstem Kreis! Der Berggasthof Amaten ist eine gute Wahl für Familienfeste oder für ein romantisches Wochenende zu zweit. Vielleicht kommt dann die Reihe an Sie, einen Baum zu pflanzen?

♡ In Ehrenburg westlich von Bruneck thront Schloss Ehrenburg, seit Jahrhunderten Stammsitz der Grafen Künigl und Heimat der „weißen Frau", die ihren Gatten betrog, worauf dieser sie lebendig unter dem Porträt, das in der Ahnengalerie hängt, einmauerte. Im blauen Salon ist Brautkleid samt Brautbukett einer weiteren Schlossherrin zu sehen. Insgesamt ein einmaliges Wohnschloss, in dem man auf den Spuren einer Adelsfamilie wandelt. Mit Führung zu besichtigen. Infos: Tel. 0474 565221

Wanderung

🌸 In der Nähe von Amaten, bei Oberwielen-bach im obersten Teil des Litschbachgrabens, befinden sich Erdpyramiden. Die leichte Wan-derung ab Platten bei Oberwielenbach auf gut beschildertem Weg zu den bizarren Ero-sionstürmen ist sowohl naturkundlich als auch landschaftlich sehr lohnend. Von den ausgedehnten Wiesenhängen bei Platten bie-tet sich ein malerischer Blick über das Pus-tertal und zu den Dolomiten. Gehzeit hin und zurück: 2½ Stunden, 165 Höhenmeter. (vgl. Kartenskizze)

 ## Zwei unter einer Decke

Hotel Berggasthof Amaten: Modern und großzügig erweitertes Gasthaus nur 6 km von Bruneck entfernt in traumhafter Panorama-lage. Freundliche Zimmer mit viel hellem Holz, Sonnenterrasse, Liegewiese, Saunalandschaft für kalte Tage. Tagesgäste und Wan-derer sind sehr willkommen! Tel. 0474 559993, www.amaten.it

 ## Ein Tisch für zwei

Gasthof Oberraut: Nicht nur wegen der traumhaften Lage in un-mittelbarer Nachbarschaft zum Gasthof Amaten, sondern beson-ders wegen Christof Feichters vorzüglicher einheimischer Küche mit italienischem Einschlag lohnt es sich, hier Station zu machen. Das Haus ist kein Geheimtipp – dafür ist es zu bekannt. Wer einen Platz in der heimeligen Gaststube ergattern will, sollte vorab re-servieren. Donnerstag Ruhetag, Tel. 0474 559977

ℹ️ Auf einen Blick

🍏 Ausflug zu einem Landgasthof in Traumlage über dem Brunecker Talkessel

☼ Sommers wie winters schön, im Frühling und Herbst sowieso!

🚗 Von der Pustertaler Staats-straße zweigt bei Percha die 3,5 km lange, beschilderte Straße nach Amaten ab.

Sonnentau

DURCH DIE RASENER MÖSER

*Sonnentau – hinter dem romantischen Namen ver-
birgt sich ein winziges Pflänzchen, das sich vom
Fleisch jener Insekten ernährt, die sich in seinen
klebrigen Tentakeln verfangen. Es fühlt sich im
Biotop der Rasener Möser im Antholzer Tal
besonders wohl. Der geschützte Lebensraum
ist für „Fleischfresser" unserer Art der
gelebte Traum von Romantik im Grünen.
Wer hier den Sonnenuntergang zu zweit
erlebt, ist unweigerlich verzaubert.
Und als ideale Kulisse für verliebte
Stunden danach dient ein Schlosshotel mit stimmungsvoll histori-
schem Ambiente.*

Antholzer See/Stallersattel

Biotop

Rasner Möser

Oberrasen
Ansitz Heufler

0   500   1000 m

Pustertal

Der in Südtirol seltene Sonnentau
liebt die moorigen Wiesen und die wei-
chen Moospolster; die Tümpel sind von Fröschen, Fischen, Unken
und Kaulquappen belebt, Libellen schwirren zwischen den Moor-
kolben umher und Vögel zwitschern im Schilf. Dazu gesunde Wälder, blumenübersäte Wiesen, der Duft von feuchtem Moos und eine

eindrucksvolle Bergkulisse: Die Rasener Möser in der Nähe von Antholz-Oberrasen sind ein Stück intakter Natur, seit das 23 ha große Gebiet in 1075 m Höhe 1973 unter Schutz gestellt wurde. Es ist der Rest einer ausgedehnten Moor- und Aulandschaft, die durch Verlandung eines Sees entstanden war. Ein großer Teil wurde in den 1960er Jahren trockengelegt, um Ackerland zu gewinnen.
Der zwanzigminütige Spazierweg zum Biotop beginnt in Oberrasen in der Nähe der Kirche und verläuft eben, fernab von Verkehr. Schautafeln geben eine Übersicht über die Tiere und Pflanzen, über das Wegenetz und die Rastplätze (Picknickkorb nicht vergessen!).

Sehens- und Wissenswertes

♡ Das breite Antholzer Tal, das sich von Olang zum Alpenhauptkamm hinzieht, ist ein Eldorado für Wanderer und Ski-Langläufer, ohne Seilbahnen, Skilifte und Après-Ski. Berühmt ist Antholz wegen der Austragung internationaler Biathlon-Wettbewerbe. Das Biathlonzentrum mit Schießstand und Zeitmessanlage direkt am grünblau schimmernden Antholzer See ist außerhalb der Wettkampfzeiten auch für Hobbyläufer zugänglich. Infos: Tel. 0474 492390, www.biathlon-antholz.it

Im Ansitz
Heufler

 *Ein Tisch für zwei*  *Zwei unter einer Decke*

Romantikhotel Ansitz Heufler: Das prächtige, schlossartige Gebäude aus dem 16. Jh. liegt am Eingang zum Antholzer Tal, beschützt von den steilen Bergriesen der Rieserfernergruppe. Historische Stuben, in denen edle Speisen aufgetischt werden, drei Suiten und vier Doppelzimmer mit antiken Möbeln, Himmelbetten, knarrenden Dielen, schmiedeeisernen Türschlössern und modernem Komfort – der Ansitz Heufler bietet sicherlich einen der schönsten Rahmen für unvergessliche Zweisamkeit! Übrigens: Sie können das Schloss auch mieten! Dienstag Ruhetag, Tel. 0474 498582, www.ansitzheufler.com

Auf einen Blick

Spaziergang durch ein einzigartiges Landschaftsschutzgebiet

1 Stunde reicht für einen kleinen Rundgang durch die Rasener Möser, kein Höhenunterschied.

Im Frühsommer, wenn alles blüht und das Leben rund um die Tümpel erwacht, ist es in den Rasener Mösern besonders reizvoll.

Tourismusverein Rasen-Antholz, Tel. 0474 496269, www.rasen.it

Von der Kreuzung bei Olang 2,5 km Richtung Antholz bis Oberrasen, Parkplatz beim Kulturhaus oder direkt beim Biotop.

44 Schwefelbad mit Tradition

INS BAD BERGFALL BEI OLANG

Im mittleren Pustertal, etwas südlich von Olang, liegt einsam im Wald versteckt am Furkelbach ein mystischer Ort: Bad Bergfall. Es ist das wohl älteste Heilbad Tirols, das schon die Römer kannten. Die heilkräftige Schwefelquelle wurde vor wenigen Jahren neu gefasst; ihr Wasser steht in einem gemütlichen Badehaus den Gästen des gleichnamigen Hotels sowie Tagesgästen zur Verfügung. Der Ort ist wie gemacht für ein verträumtes, entspannendes Wochenende.

Im Bachgrund, auf 1320 m, gruppieren sich das Hotel, das Theobald-Kirchlein und eine Naturkegelbahn um das Badehaus Bad Bergfall. Das Badehaus ist für geruhsame Stunden ideal eingerichtet: helles Holz in den Räumen, Natursteinmauern, über Felsen plätscherndes Quellwasser, gedämpftes Licht, am Abend Kerzen. Vom Aufenthaltsraum aus sind Wald und Berge zu sehen, keine Technik, kein Lärm stört die angenehme Atmosphäre. Die Wannen stehen in eigenen Kojen, wer Gesellschaft liebt, kann den Baderaum mit den zwei Wannen belegen. Von den historischen, hölzernen Bottichen ist im Eingangsbereich noch die besonders große Pfarrerswanne zu sehen. Mittlerweile werden Emaillewannen benutzt, eine ist aus Teakholz. Die Bademeisterin füllt sie mit warmem Wasser, der Badegast steigt hinein und aus der Abdeckung ragt nur mehr der Kopf heraus. Das Wasser ist geruchsfrei, die Haut fühlt sich nach dem Bad ungemein weich und seidig an. Wissenschaftliche Untersuchungen weisen das Wasser als sehr mineralreich, sulfat-, kalzium- und magnesiumhaltig aus.

Olang/Pustertal

Gassl

Umlaufbahn Kronplatz

Bad Bergfall

Schwefelquelle

Welsberg/Puster

Pragser Wildsee

Grünwaldtal

Joch Hochalpenhütten

0   500   1000 m

Sehens- und Wissenswertes

♡ Bad Bergfall hat eine lange Geschichte. Schon die Römer kannten und nutzten diesen Ort, wie Überreste einer Badeanlage und viele Funde beweisen. Um 1720, als im ganzen Land ein Bäderboom einsetzte, ließ Graf Guidobald von Welsperg hier am Fuße des Piz da Peres ein Badehaus, ein Wirtshaus und eine Kapelle errichten. Gebadet wurde mit gewöhnlichem Quellwasser, bis Mitte des 19. Jh. einem geistlichen Badegast bei einem Spaziergang Schwefelgeruch auffiel. Er veranlasste Grabungen, wobei man auf die verschüttete, längst vergessene Schwefelquelle stieß. Eine Dokumentation dieser Geschichte durch das Innsbrucker Museum Ferdinandeum hängt im Badehaus. Auch ein kurioses Gästebuch aus der Jahrhundertwende liegt zur Einsicht auf.

♡ Ein Schmuckstück ist die kleine, dem hl. Theobald geweihte Kirche. Vor der Restaurierung standen in der Kapelle Krücken und Gehhilfen – zurückgelassen von den vom Badewasser geheilten Kranken. Das Altarbild aus dem Jahre 1721 zeigt „die Krankheit" im Rollstuhl, umgeben von den drei wichtigen Heiligen der Kranken: Sebastian, Rochus und Florian. Eine Tafel listet die 23 Krankheiten auf – von Gicht bis Unfruchtbarkeit bei Frauen –, gegen die das Badewasser helfen soll.

Wanderungen

⚜ Der halbstündige Fußmarsch am Bach entlang zur neu gefassten Schwefelquelle ist geradezu ein Muss. Der Weg ist gut beschildert und mit einer ausführlichen Infotafel versehen; im Winter geräumt. (vgl. Kartenskizze)

⚜ Bad Bergfall liegt ideal für Wanderungen am Fuße der Dolomitengipfel. Lohnend ist der zweieinhalbstündige Aufstieg auf Weg Nr. 32 zu den auf 2114 m gelegenen Hochalpenhütten (im Sommer gemütliche Einkehr), 800 Höhenmeter. Für den Übergang ins großartige Grünwaldtal und die Wanderung zum Pragser Wildsee (1500 m) sind zusätzlich 3 Gehstunden zu veranschlagen. (vgl. Kartenskizze)

 Ein Tisch für zwei   Zwei unter einer Decke

Hotel Bad Bergfall: Es liegt auf der Hand, im nahen Hotel zu speisen. Neben der klassischen internationalen Küche mit italienischem Einschlag werden auf Wunsch auch Diät- und Schonkost, aber auch lokale Spezialitäten wie Pressknödel mit Salat oder Käsesoße, panierte Steinpilze oder Polenta mit Pfifferlingen aufgetischt. Das Dreisternehaus verfügt über 14 Doppelzimmer, im Badehaus stehen fünf Ferienwohnungen für bis zu 14 Personen zur Verfügung. Mittwoch Ruhetag, Tel. 0474 592084, www.badbergfall.com

ℹ Auf einen Blick

🍎 Wellness pur in einem modernen historischen Schwefelbad

✉ Gasthof Bad Bergfall, Bergfall-Weg 5, Olang/Geiselsberg, Tel. 0474 592084, www.badbergfall.com

🕐 Ganzjähriger Badebetrieb, geöffnet montags, mittwochs und freitags von 10 bis 18 Uhr, an den übrigen Tagen nach Terminvereinbarung. An Sonn- und Feiertagen geschlossen.

⌛ Ideal ist ein Wochenende. Im Winter laden die nahen Aufstiegsanlagen zum Skifahren auf dem Kronplatz ein.

☼ Ein gutes Schlechtwetterprogramm!

ℹ Tourismusverein Olang, Tel. 0474 496277, www.olang.com

🚗 Von Olang Richtung Skigebiet Kronplatz; wo die Straße auf den Furkelpass und ins benachbarte St. Vigil im Gadertal zu steigen beginnt, liegt die Talstation der Umlaufbahn und etwas dahinter, nach 700 m guter Autozufahrt am Bach entlang, befinden sich das Hotel und Badehaus.

5 Abstecher ins Glück

AM TOBLACHER SEE

„Wie schön wäre die Welt, wenn man zwei Joch umzäunt hätte und mittendrin allein wäre", schrieb Gustav Mahler seiner Frau Alma 1906 aus Toblach. Wie schön, wenn man mittendrin zu zweit wär' – an einem so bezaubernden Ort wie dem Toblacher See inmitten dunkler Wälder und am Fuße stolzer Dolomitengipfel! Einen gemütlichen Spaziergang rund um den See und ein anschließendes Verwöhnprogramm in der Frühstückspension von Greta und Rolando beinhaltet dieser Vorschlag für einen Abstecher ins Glück.

Der Toblacher See am Eingang zum Höhlensteintal ist ein Kleinod in großartiger Gebirgslandschaft; der See liegt auf 1259 m im Naturpark Fanes-Sennes-Prags. In seinem grünblau schimmernden Wasser spiegeln sich die Felsgipfel von Birken- und Neunerkofel. Als eines der wenigen Feuchtgebiete Südtirols ist das Gewässer mit seiner vielfältigen Ufervegetation ein idealer Rast- und Nistplatz für verschiedene, zum Teil seltene Wasservögel, über die elf Tafeln am Naturerlebnisweg, der den See umrundet, anschaulich infor-

„Greta Apartments"

mieren. Vom Westufer des Sees gelangt man der jungen Rienz entlang durch Wald und über Lichtungen in 45 Minuten zu den Resten einer Erzaufbereitungsanlage, eine halbe Stunde weiter steht man vor einer Gedenkstätte für die Soldaten des Ersten Weltkriegs. Wer's sehr romantisch mag, nimmt am Bootsverleih ein Ruderboot und schaukelt sich und seine/n Liebste/n über die sanften Wellen. Eine Viertelstunde vom Toblacher See entfernt befindet sich die empfehlenswerte Pension „Greta Apartments & Relax" von Greta und Rolando; im Winter, wenn das Hochpustertal zu einem Langlauf-Paradies wird, führen die Loipen direkt am Haus vorbei. Auch die Skigebiete von Innichen-Helm sind nicht weit.

Wanderung

❀ Unmittelbar hinter der Pension „Greta Apartments & Relax" (1220 m) im Ortsteil Säge steigt der Sarlkofel steil auf. Der gut markierte Dolomitenweg Nr. 3 führt am Trogerhof und an der Trogeralm vorbei zum Sarlsattel (2189 m) und steil über Felsen hinauf auf den überaus aussichtsreichen 2378 m hohen Gipfel. Aufstieg 3 Stunden, 1150 Höhenmeter. Bis zur Trogeralm auch als Schneeschuhwanderung zu empfehlen. (vgl. Kartenskizze)

Toblacher See

Sehens- und Wissenswertes

♡ Gustav Mahler, verheiratet mit der 19 Jahre jüngeren Alma, die er leidenschaftlich liebte, aber aus Arbeits- und Gesundheitsgründen oft alleine ließ, komponierte in Toblach seine letzten großen Werke: „Das Lied von der Erde", die „9. Symphonie" und die unvollendete „10. Symphonie". Das unscheinbare Komponierhäuschen steht mitten im Wildpark in Altschluderbach bei Toblach. Infos: Gasthaus Gustav-Mahler-Stube, Tel. 0474 972347

 ## Zwei unter einer Decke

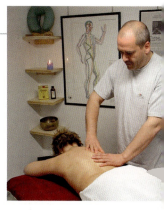

Greta Apartments & Relax: Heimeliges Haus mit geräumigen Apartments, das ein breiter Fußweg mit dem Toblacher See verbindet; morgens frische Brötchen samt Morgenzeitung. Im Relax-Center mit Biosauna, Solarium, Massage- und Gymnastikangebot sowie Rebirthing mit Duft, Licht und Klang finden Körper und Seele unter Anleitung des ausgebildeten Masseurs Rolando Harmonie und Wohlbefinden. Ortsteil Säge, Tel. 0474 972100, www.serani.info

 ## Ein Tisch für zwei

Seeschupfe: Das gemütliche Holzhaus mit großer Terrasse steht am Campingplatz am Toblacher See. Die Karte listet traditionelle Tiroler Leibspeisen, Wild, frische Forellen und hausgemachte Nudelgerichte und – wie es heißt – die besten Pizzas der Gegend. Montag Ruhetag, Tel. 0474 972294

 ## Auf einen Blick

 See-Rundwanderung durch ein landschaftliches Kleinod
 Sommer wie Winter haben am Toblacher See ihre Reize.
 Tourismusverein Toblach, Tel. 0474 972132, www.toblach.it

 Der Toblacher See ist ab Toblach gut beschildert. „Greta Apartments & Relax" liegt bei der Häusergruppe Säge, die man von Neutoblach Richtung Campingplatz über die Rienzbrücke erreicht.

46 Im Gleichtakt

EINE TANDEMFAHRT DURCHS PUSTERTAL

Essen bei Kerzenlicht, Ruderboot fahren oder Eis laufen – es gibt Dinge, die machen zu zweit einfach mehr Spaß. Gehört Rad fahren auch dazu? Ja, wenn Sie sich auf ein Tandem schwingen. Problemlos finden Sie den richtigen Rhythmus. Niemand muss hecheln, niemand muss warten – entweder zusammen oder gar nicht.

Gemeinsam sind Sie stark! Tandem fahren ist – sofern Sie auch alleine ein Rad beherrschen – keine Kunst. Dennoch: Das Halten des Gleichgewichts, das gleichmäßige Treten und das einander Anpassen beim Anfahren, Kurven fahren und Anhalten erfordern eine gewisse Koordination und Anlaufzeit. Es wird daraus nicht gleich ein Beziehungstest, aber Zweisamkeit und Vertrauen sind gefragt! Die Hauptaufgaben liegen beim Vordermann, dem Piloten, im Fachjargon Captain genannt. Er lenkt und bedient die Bremse, die Gangschaltung und die Klingel. Der Beifahrer, der „Stoker", kann derweil in die Gegend gucken oder nur mit halber Kraft in die Pedale steigen. Ist ein Team erst mal eingespielt, lassen sich beachtliche Geschwindigkeiten erzielen und lange Tages- oder Mehrtagestouren unternehmen. Die Bewegung an frischer Luft macht Spaß und die vielfältigen Sinneseindrücke lassen jede Fahrt zu einem Erlebnis werden. Sie müssen nicht gleich ein teures Sportgerät anschaffen, wenn Sie sich das Vergnügen einer Tandemfahrt leisten wollen. Einfach mieten: z. B. in Innichen – und auf zu einem „Ritt" durch das Pustertal!

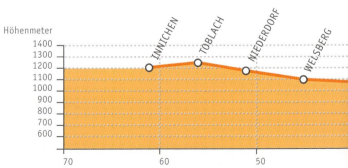

Sehens- und Wissenswertes

♡ Das Pustertal zieht sich als breites, grünes Tal von Brixen zur österreichischen Grenze und dort weiter bis zur Osttiroler Hauptstadt Lienz hin. Der Südtiroler Teil des Radwegs startet in Innichen auf einer Meereshöhe von 1175 m. Der Ankunftsort Mühlbach liegt auf 780 m, also rund 405 m tiefer. Die 61 Kilometer sind deshalb mit Leichtigkeit zu überwinden. Wenn Sie sich die Zeit nehmen, einige der vielen Sehenswürdigkeiten an der Strecke zu besichtigen, empfiehlt es sich, die Fahrt auf zwei Etappen aufzuteilen, mit einer Übernachtung unterwegs. Der erste Teil führt durch Wiesen, Wälder und idyllische Dörfer bis nach Bruneck, dem lebhaften wirtschaftlichen und touristischen Hauptort des Pustertals. Fast eben zieht sich der zweite Teil am Flusslauf der munteren Rienz zum Ziel in Mühlbach hin. Einige Höhepunkte an der Strecke: der romanische Dom in Innichen, die Schaukäserei in Toblach, das Tourismusmuseum „Haus Wassermann" in Niederdorf, die historische Altstadt von Bruneck, die Funde aus der Römerzeit in St. Lorenzen, Schloss Ehrenburg bei Kiens, die Lodenwelt in Vintl, die Ruine der Mühlbacher Klause, das Beinhaus in Mühlbach und noch vieles mehr.

♡ Tandems sind ideal für blinde Menschen, die auf diese Weise auch Rad fahren können.

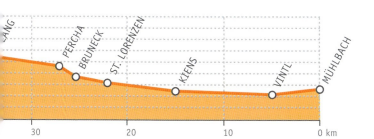

Toblach

 *Zwei unter einer Decke*

Hotel Grauer Bär: Wunderbar gepfleg-
tes historisches Haus in der Fußgängerzone von Innichen, mit jeglichem
modernem Komfort, behaglichen Zimmern, exzellenter Küche und heimeli-
gem, elegantem Flair. Tel. 0474
913115, www.hotelgrauerbaer.com

Ein Tisch für zwei

Lampl/Restaurant Weißes Lamm: Traditionsreiches Wirtshaus im
ersten Stock eines historischen Hauses am Rienzufer in Bruneck.
Gute einheimische Kost. Stuckstraße 5, Sonntag Ruhetag, Tel.
0474 411350

Auf einen Blick

 Einfache Tour mit dem Tandem-
rad durch das reizvolle Pustertal
 Am angenehmsten ist eine
Tandemfahrt bei schönem und
stabilem Wetter und nicht allzu
hohen Temperaturen.
 Eine Fahrt dauert so lange,
wie's gefällt. Das Tandem kann
von einem bis zu mehreren Tagen
gemietet werden.
 Die Firma Rentabike verleiht
Fahrräder und Zubehör. Dazu gibt
es viele gute Tipps, einen Pros-
pekt mit nützlichen Adressen
sowie einen Fahrplan für Bus und
Bahn. Das Rad kann an jedem
beliebigen Servicepunkt oder Ver-
leih abgegeben werden; so können Sie die Heimreise antreten
und brauchen sich nicht um den
Rücktransport des Mietrades zu
kümmern.

 Rentabike, Bahnhofsgelände
Innichen, Tel. 0474 912969,
www.rentabike.it; Stützpunkte in
Toblach, Niederdorf, Welsberg,
Olang, Bruneck, St. Lorenzen,
Kiens, Niedervintl, Mühlbach.
 Der Parkplatz der Radverleih-
firma und der Beginn des Radwegs
in Innichen befinden sich direkt
neben dem Bahnhof.

Hinweise und nützliche Adressen

GRUNDSÄTZLICHES

Notruf: Carabinieri: 112; Feuerwehr: 115; Polizei: 113; Rettungsdienst: 118
Post: Postsendungen müssen in Italien mit „posta prioritaria" frankiert werden, das Porto für einen Inlandsbrief bis 20 g beträgt 60 Cent, für einen Auslandsbrief 65 Cent.
Telefon: Vorwahl nach Italien: 0039, gefolgt von der Nummer einschließlich der Null. Internationale Vorwahl Deutschland: 0049; Österreich: 0043; Schweiz: 0041

ALLGEMEINE INFORMATIONEN

Aktuelle Themen online: www.stol.it
Bürgernetz der Provinz Bozen mit allen nützlichen Hinweisen zur Orientierung in Südtirol:
www.provinz.bz.it
Diplomatische Vertretung:
Honorarkonsulat der Bundesrepublik Deutschland: Bozen, Dr.-Streiter-Gasse 12, Tel. 0471 971858;
Österreichisches Generalkonsulat: Mailand, piazza del Liberty 8/4, Tel. 02 783743;
Generalkonsulat der Schweiz: Mailand, via Palestro 2, Tel. 02 7779161
Südtirol Marketing Gesellschaft:
Informationen zum Urlaubsland Südtirol und den einzelnen Tourismusgebieten und -vereinen.
Tel. 0471 999999 oder 0471 999888, www.suedtirol.info

ANREISE

Autozug: Autozüge nach Bozen von Hamburg, Berlin und Düsseldorf, im Sommer auch von Dortmund und Hildesheim aus.
Infos: www.db-autozug.de
Bahn: Deutsche Bahn: www.bahn.de; Italienische Staatsbahnen (ferrovie dello stato): www.trenitalia.com; Österreichische Bundesbahn: www.oebb.at; Schweizerische Bundesbahn: www.sbb.ch; Vinschger Bahn (Meran–Mals): www.vinschgerbahn.it
Flughafen Bozen: Tel. 0471 255255, www.abd-airport.it
Mietwagen: Mietwagenfirmen sind in der Landeshauptstadt Bozen und auch in den wichtigeren Ferienorten mit eigenen Niederlassungen vertreten. Cabrios und Oldtimer sind bei offiziellen Anbietern nicht verfügbar. Bozen: Avis, Tel. 0471 212560, Galvanistr. 1; Hertz Rentacar, Tel. 0471 254266, Flughafen, Francesco-Baracca-Str. 1; Maggiore, Tel. 0471 971531, Garibaldistr. 32
Organisation von Mietferraris, Helikopter u. a. Luxusgefährten: Dreamcar, Tel. 340 2582058, www.dreamcar.it
Öffentliche Verkehrsmittel: Fahrplanauskünfte der Autobuslinien in Südtirol erteilt der Transportverbund, gebührenfreie Nummer: 800 846047, www.sii.bz.it, www.sad.it

AKTIVURLAUB

Aktivland, Genussland, Familienland Südtirol: Infos und Adressen zu den unterschiedlichsten Angeboten, sei es Golf, Törggelen oder Schwimmen, auf der Homepage www.suedtirol.info

Alpenverein Südtirol: Bozen, Vintlerdurchgang 16, Tel. 0471 978141, www.alpenverein.it

Heu- und Wasserbäder: www.badlkultur.com

Museen in Südtirol: www.provinz.bz.it/museenfuehrer und „Museen in Südtirol" (Folio Verlag)

Radverleih: Rent a Radl (Vinschgau): Tel. 0473 201500; Bike-Shuttle (Vinschgau): Tel. 328 5624345, www.bike shuttle.it; Rent a Bike (Pustertal), Tel. 0474 912969, www.rentabike.it

Restaurants: Hauben- und Gourmetlokale: Südtiroler Köcheverband, www.skv.org
5–10 % des Rechnungsbetrags gelten in Südtirol als Richtwert für Trinkgeld; wenn für Gedeck und Bedienung ein Zuschlag berechnet wird, wird kein Trinkgeld erwartet.

Schlösser und Burgen: Beschreibung der Südtiroler Burgenlandschaft: Südtiroler Burgeninstitut, www.burgeninstitut.com

Urlaub auf dem Bauernhof: www.roterhahn.it

HEIRATEN IN SÜDTIROL

Hochzeitskirchen: Informationen beim zuständigen Pfarramt; Auskunft zu den Telefonnummern erteilen die Tourismusbüros der jeweiligen Gemeinde.

Hochzeitsplanung: Das Südtiroler Hochzeitsportal mit Checkliste, Adressen und vielen nützlichen Tipps: www.hochzeiten.it

KLIMA UND REISEZEIT

Wetter: Die Alpensüdseite ist sonnenbegünstigt, es gibt mehr Sonnentage und weniger Niederschlag als auf der Nordseite der Alpen. Für Weingegenden (z. B. Überetsch/Unterland und Bozner Raum) ist der Herbst die ideale Reisezeit, für die Tallagen (etwa im Burggrafenamt und Vinschgau, aber auch Überetsch/Unterland) die Zeit der Obstblüte im Frühling; für Berg- und Wintersport ist der Sommer bzw. Winter empfohlen; in den Städten herrscht das ganze Jahr über Reisezeit.

Wetterbericht mit Wetter-Webcam: www.provinz.bz.it/wetter; Tel. 0471 271177 oder 0471 270555 (Lawinenlagebericht); www.suedtirol.com/webcam

(Liebes-)Bräuche und Termine im Jahreslauf

Egetmann-Umzug

„Bauern-hochzeit"

Bauernhochzeit in Kastelruth:
Origineller Pferdeschlittenumzug einer Hochzeitsgesellschaft in historischer Tracht an einem Sonntag Mitte Januar; eigene „Hochzeitsküche" von Mitte bis Ende Januar. Infos: Tourismusverein Kastelruth, Tel. 0471 706333, www.kastelruth.com

Egetmann-Umzug in Tramin: Wüster Faschingsumzug am Faschingsdienstag an ungeraden Jahren. Hauptfiguren sind der „Egetmannhansl" und die „Braut". An jedem Brunnen wird angehalten und eine Hochzeit verkündet; dabei werden skurrile Spottverse zum Besten gegeben. Infos: Tourismusverein Tramin, Tel. 0471 860131, www.tramin.com

Hochzeitsmesse in Brixen: Die Messe mit zahlreichen Anbietern rund um den „schönsten Tag" findet jedes Frühjahr im „Forum" statt. Infos: Forum Brixen, Tel. 0472 275588, www.forum-brixen.com

Blumenmarkt in Bozen: Rund um den ersten Mai auf dem Waltherplatz mit einem Meer an Farben und Düften. Infos: Verkehrsamt der Stadt Bozen, Tel. 0471 307000, www.bolzano-bozen.it

Herz-Jesu-Feuer: Drei Wochen nach Pfingsten werden im ganzen Land Bergfeuer (tw. in Herzform in Anlehnung an das Herz Jesu) abgebrannt. Vielerorts sind Zaungäste willkommen.

Blättermarkt in St. Ulrich/Gröden: Krämermarkt Anfang Oktober, verbunden mit einem alten Brautwerbe-Ritus: Der „Heiratswillige" schenkt seiner Auserwählten eine Birne mit einer Schleife. Wenn diese das Angebot akzeptiert, muss sie ihrem Werber ein halbes Jahr später, zu Ostern, bemalte Ostereier schenken. Infos: Tourismusverein St. Ulrich, Tel. 0471 777600, www.valgardena.it

Klöckln im Sarntal: Das „Klöckln" ist ein urtümlicher Sarner Brauch, in den alte Fruchtbarkeitsriten hineinspielen. „Klöckln" oder „Anklöpfeln" steht für das Anklopfen Josefs und Marias bei der Herbergssuche. Jeden Donnerstagabend im Advent ziehen Gruppen vermummter Sarner Burschen lärmend durch die Dorfgassen, von Weiler zu Weiler, von Hof zu Hof. Jede Gruppe schart sich um ein „Zusslmandl" und ein – ebenfalls von einem Burschen gemimtes – „Zusslweibele". Vor den Häusern singen sie das Klöckllied, tanzen und treiben Schabernack. Infos: Tourismusverein Sarntal, Tel. 0471 623091, www.sarntal.com

„Klöckln"

Fresko im Helena-Kirchlein, Deutschnofen

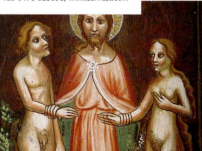

DER AUTOR

Oswald Stimpfl, Unternehmer, ist 1946 in Bozen geboren. Er veröffentlichte bei Folio bisher „Landgasthöfe in Südtirol" (2006), „Landgasthöfe im Trentino" (2004), „Südtirol für Insider" (2003), „Südtirol für Kinder" (2002), „Bozen kompakt" (2002) und gemeinsam mit Georg Oberrauch „Schneeschuhwandern in Südtirol" (2004) und „Schneeschuhwandern in den Dolomiten" (2005).

Weitere Bücher dieser Reihe:

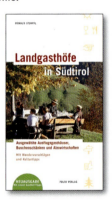

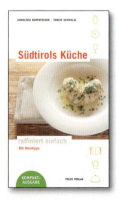